책·머·리·에

해외여행이 완전히 자유화 되면서 여행하는 사람들의 수가 날로 많아지고 있습니다. 자국을 여행하는 것도 큰 어려움으로 생각했던 시대는 가고 지금은 세계일주까지도 보통으로 생각하는 세상에 살고 있습니다.

낯선 땅을 여행하며 그곳의 경치를 즐기고 온갖 볼거리를 구경하면서 풍물을 배우는 것보다 더 즐거운 일은 없습니다. 해외여행은 유익한 기회가 되어야 하며 미지의 세계를 찾는 일은 견문을 넓히는 기회로 보고, 듣고, 느낀 것이 모두 유익한 교양이 되도록 해야 합니다.

국내여행보다는 비용이 많이 들기 마련이어서 해외여행은 알뜰해야 하는데 이렇게 귀중한 기회인 해외여행을 유익하고 알뜰하게 하려면 무엇보다도 먼저 빈틈없는 계획과 준비를 해야 합니다.

뚜렷한 여행 목적을 가지고 무엇을 위해 해외여행을 하는가를 확실히 해야 합니다. 여행 목적이 세워졌으면 이에 따라 목적지, 여행방법, 여행시기 및 기간, 경비 등의 구체적인 계획을 세웁니다. 이 모든 즐거운 계획들이 효과적으로 원만히 진행되려면 무엇보다 중요한 것은 의사소통 문제입니다. 가장 기본적인 문제는 발길을 옮길때마다 일어나는 상황에서 꼭 알아들어야 되고 꼭 해야 할 표현을 못듣고, 못하여 실수를 하거나 난처한 경우를 당하는 일입니다.

실수를 통해 배운다는 말도 있지만 실수하지 않고 배우는 것은 더욱 지혜로운 일입니다. 예전과는 달리 우리의 국력에 걸맞게 최소한의 체면을 지키고 국제적인 매너에도 자연스럽게 적응하는 일이 필요합니다.

이 하나, 둘 해외여행 스페인어는 여행하는 분들로 하여금 언어소통에 불편이 없도록 하여 편안한 여행이 되도록 만들어졌습니다. 휴대하기가 간편하여 수시로 이용할 수 있고 우리말로도 쓰여 있어 편리하게 되어 있습니다.

"하나, 둘"에서, 하나는 지금 닥친 상황에 꼭 해야 할 한 마디를 말하며, 둘은 외국인이 물어올 예상되는 두 마디를 말합니다.

출국과 여행, 그리고 귀국에 이르기까지 빈틈없이 상황을 부여하여 하나와 둘을 기록했으므로 정말 기분 좋은 여행이 되실 것입니다.

그리고 보다 더 만전을 기하고 싶어하는 분들을 위해서 뒷부분의 부록에 최종 점검을 할 수 있도록 해 두었으니 많이 이용하시기 바랍니다.

대망의 21세기가 활짝 열리면서 국제화, 개방화의 급속한 변화 추세 속에서 국가도 웅비하고 개인도 부강하고 이 책을 공부하는 여행자에게도 비약이 있기 바라며 또 그렇게 되기를 확신해 마지 않습니다.

편집부

글 · 싣 · 는 · 순 · 서

책 머리에 — 3

여행준비는 이렇게 하세요 — 10
- 여권 비자
- 항공권
- 보험
- 환전
- 출입국절차
- 탑승수속
- 세관
- 검역
- 출국심사
- 입국절차

꼭 알아야 할 단어 — 12

꼭 알아야 할 감탄사 — 14

미리 알아둘 표현 — 16

상황 1 기내에서 — 18

상황 2 기내에서 — 20

상황 3 기내에서 — 22

상황 4 경유지에서 — 24

상황 5 갈아탈 때 — 26

주요관광국 정보소개 — 28
- ●중국　●오스트레일리아
- ●영국　●프랑스
- ●스위스　●미국
- ●캐나다　●사우디아라비아

 입국절차 — 36
- 상황 6 입국심사 — 38
- 상황 7 세관검사 — 40

 입국신고서/세관신고서 — 42

 환전 — 44
- 상황 8 환전소(1) — 45
- 상황 9 환전소(2) — 46

 스페인에 대하여 — 47

 환전을 마친 여행객 — 52
- 상황 10 전화로 호텔예약 — 52
- 상황 11 택시기사에게 — 58
- 상황 12 길을 잃었을 때 — 60
- 상황 13 숙박절차를 밟을 때 — 62
- 상황 14 방에서 식사를 주문할 때 — 64
- 상황 15 시내 식당 예약 — 66
- 상황 16 시내 식당에서 — 68
- 상황 17 약국에서(1) — 70

상황 18 약국에서(2) — 72
상황 19 카메라점에서 — 74
상황 20 관광지에서 사진을 찍을 때 — 76
상황 21 현지에서 차를 빌릴 때 — 78
상황 22 랜트회사에서 — 81
상황 23 대중교통수단 (버스) — 82
상황 24 지하철 — 84
상황 25 호텔에서 서울로 전화 — 88
상황 26 기차여행을 할 때 — 91

투우에 관한 상식 — 94

세계의 표준 시간대 — 102

숙박시설 — 104

여행시 긴급사항 — 107

유용한 표현 — 110

상황 27 렌터카로 휴양지에 — 118
상황 28 휴양지에서 — 120
상황 29 여행중 병원에서(1) — 126
상황 30 여행중 병원에서(2) — 128
  그밖에 환자가 해야 할 표현 — 130
  그밖에 의사가 하는 말 — 133
상황 31 소매치기 — 137
상황 32 도난사고 — 138

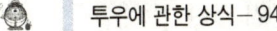

상황 33 교통사고 — 140
상황 34 여행국에서 비행기 예약 — 141
상황 35 예약이 유효한지 확인 — 142
상황 36 예약 변경 — 144
상황 37 귀국 비행기 예약 재확인 — 146
상황 38 호텔에서 계산을 하고 나올 때 — 148

여행중 알아두어야 할 단어 — 151 ~ 160
상황 39 탑승하라는 방송(1) — 161
스페인 교통 — 162
상황 40 면세점에서 — 164

부록 1 총정리와 총점검 166 ~ 190
부록 2 기본 표현들 191 ~ 222

하나, 둘 해외여행 스페인어

¡Qué estupendo!

여행준비는 이렇게 하세요

여 권 해외여행 신분증명서
(1) 소양교육과 신원조회를 마치고 외무부 여권과에서 발급 받으세요.
(2) 지방의 경우는 각 시도 여권계에서 발급 받으세요.
(3) 수속하는데 열흘 정도 걸립니다.

비 자 여행 대상국에서 입국을 허가해 주는 입국사증
(1) 우리나라와 상호 비자 면제 협정을 맺은 나라와 맺지않은 나라가 있는 점에 유의하시기 바랍니다.

항공권 비행기표
(1) 여행 일정에 알맞는 항공편을 미리 예약해두세요.
(2) 한 곳에 몇일 이상 머물 때는 출발 3일전에 반드시 항공편을 예약 재확인 해두어야 합니다.

보 험 상해·질병·항공기 납치 등의 뜻밖의 사고에 대비해 보험에 들어두면 안심할 수 있습니다.

환 전 은행에서 해외 통용 외화로 바꾸어야 합니다.
(1) 여행자수표는 환전한 다음 윗쪽에 서명하고 쓸 때 아랫쪽에 서명합니다.
(2) 신용카드로 사용할 수 있으며 귀국 후 우리나라 돈으로 결재가 가능합니다.

출입국절차 공항이나 또는 항만에서 세관·출입국심사·검역의 절차를 밟게 됩니다.
 (1) 출국할 때 공항에는 보통 2~3시간 전, 늦어도 1시간 전에 도착해야 합니다.

탑승수속 이용하는 항공사의 데스크를 찾아가셔야 합니다.
 (1) 여권과 항공권을 제시하고 공항세를 내면 항공권의 좌석을 배정 받습니다.
 (2) 이때 수하물을 탁송 처리합니다.
 (3) 좌석이 적힌 탑승권과 화물인환증을 받아 출국장으로 갑니다.

세 관 보안 검사를 마치고 휴대품에 대한 검사를 받습니다.
 (1) 값비싼 물건은 신고해 두어야 입국할 때 세금을 물지 않습니다.

출국신사 여권, 항공기탑승권, 출국신고서를 1매면 최종신사후 여권에 스탬프를 찍어 돌려 줍니다.
 (1) 이곳을 나오면 탑승 대기실입니다.
 (2) 탑승권에 찍힌 번호의 탑승구로 가면 됩니다.

검 역 전염병 발생지역을 여행하는 경우 예방접종카드를 확인하지만 일반적으로 생략합니다.

입국절차 출국절차와 정반대입니다. 검역에 이어 여권·입국신고서를 내고 수하물을 찾고 세관에서 통관 절차를 밟습니다.

꼭 알아야 할 단어

1. **여권 :** 빠사뽀르떼
   pasaporte

2. **비자 :** 비사(비사도)
   visa(visado)

3. **항공권 :** 엘 비예떼 데 아비온
   el billete de avión

4. **환전 :** 깜비오 데 모네다
   cambio de moneda

5. **항공편 예약 재확인 :** 레꼰피르마시온 데 부엘로
   reconfirmación de vuelo

6. **이서 :** 엔도소
   endoso

7. **보험 · 보험금(액) :** 세구로 · 수마 아세구라다
   seguro · suma asegurada

8. **탑승수속 :** 뜨라미따시온 데 엠바르께
   tramitación de embarque

9. **세관 :** 아두아나
   aduana

10. **출국심사 :** 인스뻭씨온 데 살리다
    inspección de salida

11. **검역 :** 꾸아렌떼나 (인스뻭씨온 메디까)
    cuarentena (inspección médica)

12. **입국절차** : 쁘로세소 데 엔뜨라다
    proceso de entrada

13. **출국허가** : 뻬르미소 데 살리다
    permiso de salida

14. **입국허가** : 뻬르미소 데 엔뜨라다
    permiso de entrada

15. **탑승권** : 따르헤따 데 엠바르께
    tarjeta de embarque

16. **화물인환증** : 오하 데 루따 아에레아
    hoja de ruta aérea

17. **탑승구** : 쁘에르따 데 엠바르께
    puerta de embarque

18. **예방접종카드** : 세르띠피까도 데 바꾸나
    certificado de vacuna

19. **수하물 찾는 곳** : 레꼬히다 데 에끼빠헤
    recogida de equipaje

20. **공항수하물취급소** : 곽뚜라시온
    facturación

21. **호텔에서의 투숙절차** : 레히스뜨로 데 오뗄
    registro de hotel

22. **호텔의 계산(방을 비우기 위해)** : 빠고 빠라
    살리르 델 오뗄 데뽀시또 데 로스 아르띠꿀로스
    pago para salir del hotel depósito de los artículos

23. **호텔귀중품보관소** : 데뽀시또 데 로스 아르띠꿀로스
    데 발로르 depósito de los artículos de valor.

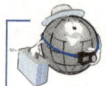

꼭 알아야 할 감탄사

1. 야아!, 아아! : 아
   ¡Ah!

2. 참 멋지다! : 께 마라비요소
   ¡Qué maravilloso!

3. 참 사랑스럽다! : 께 아모로소
   ¡Qué amoroso!

4. 참 귀엽다! : 께 그라시오소
   ¡Qué gracioso!

5. 정말 훌륭하다! : 께 엑셀렌떼 ¡Qué excelente!
   굉장히 멋지다! : 께 에스뚜뻰도 ¡Qué estupendo!

6. 엉터리!, 거짓말! : 에스 빠또차다, 에스 멘띠라
   ¡Es patochada!, ¡Es mentira!

7. 좋소! 좋아! 찬성이요! : 발레 발레 데 아꾸에르도
   Vale, vale, De acuerdo

8. 저런! 어머나! : 바야, 께 소르쁘레사
   ¡Vaya!, ¡Qué sorpresa! (놀람·분노의 소리)

9. 이런! : 바야 바야, 께 딴 아부리도
   ¡Vaya! ¡vaya! ¡Qué tan aburrido!

10. 잘했다! 훌륭하다! : 께 비엔, 께 마그니피꼬
    ¡Qué bien! ¡Qué magnífico!

11. 아니! 설마! : 노, 쎄라 뽀시볼레
    ¡No! ¡Será posible!

12. 자, 빨리(재촉)·자, 어서! : 안다
    ¡Anda!

13. 아, 차가 있었으면! : 아 씨 뚜비에라 웅 꼬체
    ¡Ah! ¡Si tuviera un coohe!

14. 재미있다! : 께 인떼레산떼
    ¡Qué interesante!

15. 제기랄! 이크! : 까람바
    ¡Caramba!

16. 괘씸하다! : 께 인솔렌떼
    ¡Qué insolente!

17. 야단났다! : 께 그라베
    ¡Qué grave!

18. 슬프다! : 께 라스띠마
    ¡Qué lástima!

19. 그건 그렇고, : 아 쁘로뽀시또
    A propósito (말을 계속하거나 용건을 꺼낼 때)

20. 살았다! 아, 고마워라! : 께 알리비오 아 그라시아스
    ¡Qué alivio! ¡Ah! Gracias

키포인트

꼭 알아야 할 감탄사

미리 알아둘 표현

1. 말씀하신 것을 이해를 못합니다.

   노 엔띠엔도 로 께 메 아 디초
   No entiendo lo que me ha dicho.

2. 서반아어가 서투릅니다.

   요 아블로 에스빠뇰 말
   Yo hablo español mal.

3. 부끄러운 말이지만,

   메 다 베르구엔사
   Me da vergüenza,

4. 하고픈 말을 충분히 못합니다.

   노 쁘에도 에스쁘레사르 비엔 로 께 끼에로 데시르
   No puedo expresar bien lo que quiero decir.

5. 서반아어를 잘하려고 노력하고 있습니다.

   뜨라또 데 아블라르 비엔 엘 에스빠뇰
   Trato de hablar bien el español.

6. 뭐라구요, 다시 한번 더 말해주세요.

   꼬모 아블레메 오뜨라 베스 뽀르 파보르
   ¿Cómo? Hábleme otra vez, por favor.

7. **대답할 바를 모르겠습니다.**

   노 쎄 꼬모 꼰떼스따르
   No sé cómo contestar.

8. **안타깝습니다. (답답하다)**

   씨엔또 뻬나
   Siento pena.

9. **하고픈 말이 빨리 안되는군요.**

   노 뿌에도 에스쁘레사르 비엔 로 께 끼에로 데시르
   No puedo expresar bien lo que quiero decir.

10. **말문이 콱 막혀 버리네요.**

    메 데호 씬 아블라
    Me dejó sin habla.

11. **알겠습니다. 아, 그렇군요.**

    아 씨 로 엔띠엔도
    ¡Ah! Sí, lo entiendo.

12. **덕분에 또 한 가지 알았군요. (덕분에 배우는게 많군요)**

    그라시아스 아 우스뗄 요 쎄 알고 마스
    Gracias a Ud. yo sé algo más.

    (그라시아스 아 우스뗄 아쁘렌로 무초)
    (Gracias a Ud. aprendo mucho.)

기내에서

상황 1

여러분, 모두 타십시오!

세뇨레스 빠사헤로스 수반 또도스 알 아비온
뽀르 파보르
Sres. pasajeros suban todos al avión por favor.

➤ 기내에서 좌석을 찾으며

여행객 : 이것이 나의 좌석번호인데 좀 도와 주시겠습니까?

에스떼 에스 미 누메로 데 아시엔또
Este es mi número de asiento.

쁘에데 엔세냐르메 꾸알 에스 미 아씨엔또
¿Puede enseñarme cuál es mi asiento?

스튜어디스 : 네, 이쪽으로 오십시오. 이것이 당신 좌석입니다.

씨, 빠세 뽀르 아끼
Sí, Pase por aquí.

에스떼 에스 수요
Este es suyo

여행객 : 감사합니다.

그라시아스
Gracias.

스튜어디스가 승객에게 할 예상되는 말

스튜어디스 : **손님 좌석은 통로에 있습니다.**

수 아씨엔또 에스따 훈또 알 빠씨요.
Su asiento está junto al pasillo.

스튜어디스 : **저기 창가 좌석이군요.**

수 아씨엔또 에스따 훈또 아 라 벤따니야
Su asiento está junto a la ventanilla.

스튜어디스 : **탑승권을 보여주시겠습니까?.**

쁘에도 베르 수 따르헤따 데 엠바르께
¿Puedo ver su tarjeta de embarque?

스튜어디스 : **만일 무슨 도움이 필요하시면 이 호출 단추를 누르세요.**

씨 우스뗏 네세씨따 아유다 또께 에스떼 보똔 데 야마다
Si Ud. necesita ayuda, toque este botón de llamada.

스튜어디스 : **실례합니다. 좀 지나가겠습니다.**

꼰 수 뻬르미소
Son su permiso.

쁘에도 빠사르
¿Puedo pasar?

기내에서

상황 2

탑승하신 것을 환영합니다.

비엔베니도스 아 보르도

Bienvenidos a bordo.

> 승객의 요구사항

여행객: **비행기 멀미에 먹을 약을 좀 갖다 주십시오.**

뜨라이가메 우나 빠스띠야 빠라 엘 마레오 뽀르 파보르
Tráigame una pastilla para el mareo, por favor.

여행객: **만일 빈자리가 있다면 창쪽자리를 쓰고 싶습니다.**

뽀르 파보르 데메 운 아씨엔또 훈또 아 라
벤따니야 씨 아 이 운 아씨엔또 리브레
Por favor, Deme un asiento junto a la ventanilla si hay un asiento líbre.

여행객: **오렌지주스 좀 주시겠습니까?**

뽀드리아 다르메 운 수모 데 나랑하
¿Podría darme un zumo de naranja?

여행객: **담요 한 장 사용했으면 합니다.**

메 구스따리아 우사르 우나 만따
Me gustaría usar una manta.

하나, 둘 해외여행 스페인어

여행객 : 신문을 보고 싶습니다.

끼에로 레에르 운 뻬리오디꼬
Quiero leer un periódico.

여행객 : 토할 것 같습니다. 종이백 좀 주시겠습니까?

씨엔또 가나스 데 보미따르
Siento ganas de vomitar.

뽀드리아 다르메 우나 볼사 데 빠뻴
¿Podría darme una bolsa de papel?

스튜어디스 : 좌석 주머니에 있습니다.

에스따 엔 엘 볼씨요 델 아씨엔또
Está en el bolsillo del asiento.

여행객 : 화장실은 어디에 있습니까?

돈데 에스따 엘 바뇨
¿Dónde está el baño?

스튜어디스 : 곧장 앞으로 나가십시오.

씨가 또도 렉또
Siga todo recto.

기내에서

상황 3

신사 숙녀 여러분

부에노스 디아스 다마스 이 까바예로스
Buenos días, damas y caballeros.

▶ 기내 방송을 알아듣는 요령

1: 신사 숙녀 여러분,

   부에노스 디아스 다마스 이 까바예로스
   Buenos días, damas y caballeros.

2: 이베리아 항공을 이용해 주셔서 감사합니다.

   아에로린네아 이베리아 레스 다 라 비엔베니다
   Aerolínea Iberia les da la bienvenida

3: 본 021편 여객기는 파리를 경유하여 암스떼르담으로 가기 위해 이제 떠나겠습니다.

   엘 부엘로 베인떼 우노 에스따 뽀르 데스뻬가르 꼰 데스띠노 아 암스떼르담 엔 깜비오 데 파리스
   El vuelo 021 está por despegar con destino a Amsterdam en cambio de París.

4 : 좌석을 똑바로 하시고 벨트를 매어주시기 바라며 담배는 금연등이 꺼질 때까지 삼가해주시기 바랍니다. 감사합니다.

뽀르 파보르 씨엔뗀세 데레초스 아후스뗀 수스 씬뚜론네스 이 아빠겐 수스 씨가리요 그라시아스

Por favor, siéntense derechos, ajusten sus cinturones y apaguen sus cigarillos, gracias.

Por favor 뽀르 파보르 :	부디, 제발 ~십시오.
Siéntense derehos 씨엔뗀세 데레초스 :	자리에 앉으십시오.
en avión, a bordo 엔 아비온, 아 보르도 :	비행기를 타고, 승선하여
a plomo 아 쁠로모 :	수직으로
ubicación 우비까씨온 :	위치
vuelo 부엘로 :	비행기편
ajustar 아후스따르 :	매다
cinturón de seguridad 씬뚜론 데 세구리닫 :	안전벨트
está por despegar 에스따 뽀르 데스뻬가르 :	이제 떠난다
prohibir 쁘로이비르 :	~을 금하다
fumar 푸마르 :	흡연
hasta 아스따 :	까지
asiento de no fumar 아씨엔또 데 노 푸마르 :	금연석
con rumbo a / a 꼰 룸보 아 아 :	향하여
en camino de 엔 까미노 데 :	~을 경유하여
apagar 아빠가르 :	끄다
encender 엔센데르 :	켜다

기내 방송을 알아듣는 요령

경유지에서

상황 이 통과카드는 갖고 계셔야 합니다.

땡가 우스뗃 에스따 따르헤따 데 뜨랑씨또
Tenga Ud. esta tarjeta de tránsito

경유지에서 잠시 내려서

스튜어디스 : 이 통과카드를 갖고 계십시오.

땡가 우스뗃 에스따 따르헤따 데 뜨랑씨또
Tenga Ud. esta tarjeta de tránsito.

여행객 : 이 길로 가면 대합실이 나옵니까?

씨기엔도 뽀르 에스떼 까미노 세 뿌에데
예가르 아 라 살라 데 엠바르께
¿Siguiendo por este camino, se puede llegar a la sala de embarque?

다른여행객 : 네, 그렇습니다.

씨 꼬렉또
Sí, correcto.

저도 같은 방향입니다.

또마모스 엘 미스모 룸보
Tomamos el mismo rumbo.

스튜어디스 : 통과여행객이신가요?

에스 우스뗄 빠사헤로 엔 뜨랑씨또
¿Es Ud. pasajero en tránsito?

여행객 : 네, 그렇습니다.

씨 아씨 에스
Sí, así es.

여기 있습니다.

아끼 띠에네
Aquí tiene.

정시에 떠납니까?

살레 아 띠엠뽀
¿Sale a tiempo?

스튜어디스 : 네, 그렇습니다.

씨 아씨 에스
Sí, así es.

주의 : 경유지에서 잠시 내릴 때 주었던 추랜싯 카드(통과카드)는 다시 탈 때 회수합니다.

갈아탈 때

상황 5

어느 비행기로 갈아탑니까?

아 께 아비온 세 바 아 깜비아르
¿A qué avión se va a cambiar?

▶ 갈아탈 비행기편의 확인

여행객: 나는 통과여객입니다.

소이 빠사헤로 엔 뜨랑씨또
Soy pasajero en tránsito.

비행기를 갈아타야 합니다.

뗑고 께 깜비아르 데 아비온
Tengo que cambiar de avión.

탈 비행기편의 확인은 어디에서 합니까?

돈데 뿌에도 꼰피르마르 미 부엘로
¿Dónde puedo confirmar mi vuelo?

cambiar de avión. 비행기를 갈아타다.

항공사직원: **이층으로 올라가십시오.**

수바 알 쁘리메르 삐소
Suba al primer piso.

여행객: **갈아타는 비행기는 어디에서 탑니까?**

뽀르 께 뿌에르따 수보 알 아비온
¿Por qué puerta subo al avión?

직원: **10번 게이트입니다.**

뽀르 라 뿌에르따 누메로 디에스
Por la puerta número diez.

여행객: **몇 시에 떠납니까?**

아 께 오라 살레
¿A qué hora sale?

직원: **2시 30분에 떠납니다.**

살레 아 라스 도스 이 메디아
Sale a las dos y media.

confirmar 확인하다.	vuelo 비행편

주요관광국 중국 정보소개 CHINA

- 면   적 : 960만 km²
- 종   교 : 불교, 유교, 도교
- 종   족 : 한족 93.3%와 55개 소수민족의 복합민족
- 국   화 : 모란(the tree peony)
- 상징적 동물 : 팬더(panda)(티베트·중국 남부산 흑백곰의 일종)
- 국 민 성 : 매우 조심스럽고 체면을 중시하고, 실리를 중시한다. 원칙의 범위내에서 융통성이 많다.
- 기   후 : 3월부터 5월까지가 봄이며 날씨는 따뜻하지만 바람이 자주 불고 황사가 심한편이다.
  여름은 대륙성 고온이고 또 남부지방은 열대성 고온으로 밤이나 낮이나 견디기 힘들다.
  가을 날씨는 전국이 고루 쾌적하여 우리나라와 비슷하지만 동북부 지방은 10월중순만 되면 우리나라의 겨울 날씨와 같다.

■ 꼽히는 관광명소

6월말부터 8월중순이 백두산 관광 시기이다. 천단과 북경 근교에 있는 만리장성과 이화원 명십삼릉 그리고 북경시내에 있는 천안문, 자금성 등이다.

주요관광국

오스트레일리아 Australia

정보소개

- 면　　　적 : 768만 2천 km²
- 종　　　교 : 기독교
- 상 징 적 동물 : koala (코우알러), kangaroo (캥거루-)
- 인 기 스포츠 : rugby(럭비), cricket(크리킷)
- 국　민　성 : 보수적 성향이 강하다. 여성의 사회적 활동이 활발하다.
- 기　　　후 : 서부지역의 40%와 북부지역의 80%가 열대성이지만 그외는 온대성기후이다.

  오스트레일리아 동해안의 항구도시로 뉴 싸우스 웨일즈(New South Wales)주의 수도인 시드니(Sydney)지역은 평균 22℃～11℃로 사철 온화한 기후이다. 강우량은 1200mm 내외이다.

■ 꼽히는 관광명소

Blue Mountains	블루 마운튼즈	블루산맥
Botanical Garden	버태니컬 가든	식물원
Harbor Bridge	하아버 부리지	하아버 다리
Hawksbury River	혹크스베리 리버	혹크스베리 강
Opera House	아퍼러 하우스	가극장
Palm Beach	팜 비치	팜해변 관광지
Taronga Park Zoo	타론가 파크 쥬	타론가동물원

주요관광국 영국 정보소개
THE UNITED KINGDOM of GREAT BRITAIN and NORTHERN IRELAND

- 면　　적 : 24만 4천 km²
- 종　　교 : 영국성공회 50%, 카톨릭 11%
- 국　　화 : 장미
- 상징적 동물 : 사자, 여우, 배져(badger 오소리)
- 인기스포츠 : rugby(럭비), cricket(크리킷)
- 기　　후 : 해양성 기후로 밤과 낮, 여름과 겨울의 기온 차가 적으며 흐리기 쉽고 비가 많은 편이다. 체감온도는 상당히 낮아서 여행객은 코트 등을 준비해 가야한다.

■ 꼽히는 관광명소

Tower of London/Tower Bridge　타워 부리지
Buckingum Palace　버킹엄 팰리스　　버킹엄 궁전
Parliament/Whitehall　와잇트 홀　　영국관청 소재지역
Westminster Abbey　웨스트민스터 애비　웨스트민스터 성당
St Paul's Cathedral　세인 폴즈 커스드럴　성바울 대성당
Hyde Park　하이드 팍　　런던의 공원
British Museum　부리티쉬 뮤지엄　　대영박물관
Piccadilly Circus　피커딜리 써커스　　런던번화가의 중심광장
Stratford-on-Avon　스트렛퍼드 온 에이번(영국 중부지방의 도시로 Shakespeare의 출생지이다).

주요관광국

프랑스 THE FRENCH REPUBLIC

정보소개

- 면   적 : 54만 7천 km²
- 종   교 : 천주교 91%, 회교, 개신교, 유대교
- 국   화 : 백합
- 상징적 동물 : 닭
- 인기스포츠 : 축구, 럭비, 테니스
- 기   후 : 대부분이 온대지역이지만 지역적으로 차이가 있다. 연 평균기온은 11℃~12℃. 12월에서 2월중이 가장 낮고 7~8월이 가장 높다. 고산악성 기후, 대서양성 기후, 지중해성 기후 그리고 대륙성 기후까지 고루 나타낸다.

■ 꼽히는 관광명소

개선문, 에펠탑, 노트르담 대성당, 엘리제궁, 루브르박물관,
바스티유 광장, 앵발리드, 오페라좌, 콩코르드 광장,
몽마르트르 언덕, 19세기 박물관, 시청, 경시청, 샤이오궁,
미결수감옥과 부속 성당, 지하무덤(카타콩부),
나르강변의 고성채, 베르사이유 궁전, 샹티이성,
퐁텐불로성, 노르망디 상륙작전지역

주요관광국 스위스 정보소개 THE SWISS CONFEDERATION

- 면 적 : 4만 1300km²
- 종 교 : 카톨릭, 신교
- 국 화 : 에델바이스
- 상징적 동물 : 사슴
- 인기스포츠 : 아이스하키, 스키, 승마, 수중잠수, 테니스
- 기 후 : 좁은 국토에 서쪽의 대양성기후와 동쪽의 대륙성기후의 영향을 받아 지역별 기후의 차이가 있으며 경치 또한 여러 모양을 보인다.
- 언 어 : 독일어, 불어, 이태리어, 로만쉬어, 기타
- 예 절 : 식사후 코푸는 것은 실례가 아니지만 식사중 소리를 내면 실례가 된다.
- 특 징 : 우리나라처럼 사계절이 있으나 여름은 우리나라보다 덜 덥고 겨울은 우리나라보다 덜 추운 것이 특징이다.

■ 꼽히는 관광명소

몽불랑, 융프라우, 마터호른의 알프스 3대 관광지.
그외 리틀리스, 리기산, 필라투스, 샌티스산 등의 알프스 관광지. 츄리히호, 레만호, 보덴호수, 루쨴른호 등은 호수관광지이며 아파마레온천, 라인강폭포, 루가노휴양지, 쮸어짜아온천 등이 있다.

주요관광국 미국 정보소개 THE UNITED STATES of AMERICA

- 면   적 : 937만 km²
- 종   교 : 신교, 카톨릭교
- 국   화 : 각주별로 다름
- 국   기 : 독수리표가 미국의 국장
- 인기스포츠 : 미식축구, 야구, 농구 등
- 기   후 : 열대에서 한대까지 고루 걸쳐있다.

  북부는 냉대에 속하여 겨울에는 눈바람이 휘몰아치는 한파가 온다. 서경 100°를 경계로 하여 서쪽지방은 건조지대이다. 태평양 연안지역은 온화한 기후가 이어지지만 멕시코만, 대서양쪽의 중남부지방은 돌풍이나 허리케인 발생이 잦다.

■ 꼽히는 관광명소

워싱턴 지역 : 백악관, 국회의사당, 알링턴 국립묘지, 워싱턴 마뉴먼트, 제퍼슨기념관, 스미소니언 박물관

뉴욕 지역 : 엠파이어스때이트, 월드추레이드센터, 자유의 여신상, 그린위치빌리지, UN본부, 웨스트포인트, 링컨쎈터, 성패추릭성당, 록펠러쎈터

필라델피아 지역 : 자유의 종, 독립기념관

플로리다 지역 : 디즈니월드, 케네디스페이스센터

오대호 지역 : 나이아가라 폭포

시카고 지역 : 시어타워

주요관광국
캐나다 CANADA
정보소개

- 면 적 : 992만 2천 km²
- 종 교 : 카톨릭교, 신교
- 국 화 : 단풍나무잎
- 상징적 동물 : 비-버(beaver 해리)
  설치류에 딸린 포유동물. 북부의 기온이 찬 지방에 사는 영리하고 헤엄도 잘 치는 동물이며 몸 크기는 80cm가량. 털가죽은 값이 비쌈.
- 인기스포츠 : 아이스 하키
- 기 후 : 북반구에 있어서 추울때는 기온이 -20℃ 이하로 떨어진다.
  터란토를 중심으로 북쪽으로 올라갈수록 춥고 겨울이 길어진다(11월에서 다음해 3월까지).
  벤쿠버 중심의 서부연안지역은 태평양 난류의 영향을 받아 여름은 신선하고 건조하지만 겨울에는 영상 약 10℃의 온화하고 습한 날씨가 이어진다.

■ 꼽히는 관광명소

나이가라폭포(터란토에서 약 150km 지점)
카사노바 궁전, 뱀프(Banff) 국립공원
CN타워(세계에서 제일 높은 타워)

주요관광국 사우디아라비아 정보소개
KINGDOM of SAUDI ARABIA

- 면　　　적 : 214만 9,690km²
- 종　　　교 : 이슬람교
- 국　　　화 : 대추야자수(dates tree)
- 상징적 동물 : 낙타
- 인기스포츠 : 축구
- 기　　　후 : 서부지역은 홍해를 동부지역은 걸프만을 끼고 있어서 여름철인 4~10월 기간은 대개 42℃ 정도이며 11~3월 동안은 25~30℃ 수준이다. 수도 리야드를 중심으로 중부지방은 사막성기후의 영향으로 4~10월 동안 여름철은 50℃까지 기온이 오르고 겨울철인 11~3월 동안은 서늘하고 밤에는 영하로 뚝 떨어지기도 한다.
- 특　　　징 : 알콜 성분이 초코렛과 노출이 심한 여자사진 등이 게재된 물건이나 카타로그 등은 통관시 압수처분된다.
  이슬람 율법상 술과 여자는 절대 금기 사항이다.

■ 꼽히는 관광명소

메커(Mecca=Mekka 이슬람교의 성도)

미디너(Medina Mohammed의 묘가 있음)

홍해 연안의 수상스포츠로 윈드서핑, 요트, 스쿠버다이빙 등이 있다.

입국 절차

스페인·한국간 비자 면제 협정 체결로 90일 동안 무비자 체류 가능하며, 거주 및 취업을 원할 경우 한국에 있는 스페인 대사관에서 비자 취득. EC 국가를 통하여 입국하는 경우는 출입국 심사 및 통관 절차 생략.

입국시 외환 소유량에 한계는 없으나 1백만 페세타(약 7,000$) 이상의 경우 세관 신고(출국시 5백만 페세타 이상은 반출할 수 없음). EC 국가를 통하여 입국시는 통관 절차가 생략되나 아프리카 국가를 통하여 입국하는 경우 소지품 조사 및 통관 절차 복잡

이민국 직원이 묻는 것은
 (1) 여권을 보여 주시겠습니까?
 (2) 방문 목적은 무엇입니까?
 (3) 얼마동안 머무르실 계획이십니까?
 (4) 돌아갈 항공권을 갖고 계십니까?
 (5) 입국카드를 보여주시겠습니까?

입국 심사관

인스뻭도르 데 엔뜨라다
         inspector de entrada

세관원

아두아네로
aduanero

여권

빠라쁘르떼
pasaporte

입국카드

따르헤따 데 엔뜨라다
tarjeta de entrada

~을 보여주시겠습니까?

쁘에도 베르
¿ Puedo ver ~ ?

~의 목적

빠라
para

얼마동안 머무를 예정입니까?

꾸안또 띠엠뽀 세 오스뻬다라 우스뗃
¿ Cuánto tiempo se hospedará Ud.?

입국 심사

상황 6

여권을 보여주시겠습니까?

쁘에도 베르 수 빠사뽀르떼
¿ Puedo ver su pasaporte?

입국 심사

입국심사관 : 여권을 보여주시겠습니까?

쁘에도 베르 수 빠사뽀르떼
¿ Puedo ver su pasaporte?

여행객 : 여기 있습니다.

아끼 로 띠에네
Aquí lo tiene.

입국심사관 : 입국카드를 보여주시겠습니까?

쁘에도 베르 수 따르헤따 데 엔뜨라다
¿ Puedo ver su tarjeta de entrada?

여행객 : 여기 있습니다.

아끼 띠에네
Aquí tiene.

입국심사관 : 방문 목적은 무엇입니까?

꾸알 에스 엘 모띠보 데 수 비아헤
¿Cuál es el motivo de su viaje?

여행객 : 관광입니다(사업입니다).

빠라 뚜리스모(빠라 네고시오)
Para turismo(Para negocio).

입국심사관 : 돌아가실 항공권은 있습니까?

띠에네 우스뗃 엘 비예떼 데 부엘따
¿Tiene Ud. el billete de vuelta?

여행객 : 네, 있습니다.

씨 로 뗑고
Sí, lo tengo.

입국심사관 : 얼마동안 머무르실 계획이신가요?

꾸안또 띠엠뽀 삐엔사 께다르세
¿Cuánto tiempo piensa quedarse?

여행객 : 10일 동안입니다.

디에스 디아스
Diez días.

세관 검사

상황 7

아니오. 신고할 것이 없습니다.

노 노 땡고 나다 께 데끌라라르
No, no tengo nada que declarar.

> 세관원과의 대화

세관원: 신고하실 물건이 있습니까?

띠에네 우스뗃 알고 께 데끌라라르?
¿Tiene Ud. algo que declarar?

여행객: 아니오, 신고할 것이 없습니다.

노 노 땡고 나다
No, no tengo nada.

세관원: 가방 좀 열어보실까요?

아브라 수 말레따 뽀르 파보르
¿Abra su maleta, por favor?

여행객: 네, 그러죠.

씨 꼬모 노
Sí, cómo no.

하나, 둘 해외여행 스페인어

세관원: **담배나 술·향수를 갖고 계십니까?**

띠에네 우스뗄 씨가르리요스 비노스 오 뻬르푸메스
¿ Tiene Ud. cigarrillos vinos o perfumes?

여행객: **네, 이것들은 제 개인물품입니다.**

씨 에스또스 손 미스 아르띠꿀로소 뻬르소날레스
Sí, éstos son mis artículos personales.

세관원: **이것은 무엇입니까?**

께 에스 에스또
¿ Qué es esto?

여행객: **친척에게 줄 선물입니다.**

에스 운 ㄹ레갈로 빠라 미 빠리엔떼
Es un regalo para mi pariente.

세관원: **감사합니다. 즐거운 여행 되십시오.**

그리시아스
Gracias,

께 뗑가 부엔 비아헤
¡ Que tenga buen viaje!

 # 입국신고서 · 세관신고서

입국신고서나 세관신고서 등에는 사실대로 써 넣어야 합니다. 사실과 다를 때에는 뜻밖의 곤경을 겪을 수도 있습니다. 공항에는 보세창고 역할을 하는 수하물 보관소(consigne)가 있습니다. 전혀 쓸 일이 없거나 통관이 어려운 물건은 이곳에 맡겨 두었다가 출국할 때 찾으면 편리합니다.

이 때 반드시 보관증을 받아두었다가 공항에 도착해서 수하물을 찾을 때는 항공편 번호를 기억해 두었다가 그 번호가 표시된 수하물 찾는 곳에 가서 찾습니다.

여행객 : **이것이 나의 세관신고서입니다.**

에스따 에스 미 데끌라라시온 데 아두아나
Esta es mi declaración de aduana.

수하물 보세창고에 맡겨주십시오.

데헤라 엔 엘 데뽀씨또 데 라 아두아나
Déjela en el depósito de la aduana.

보관증을 주시겠습니까?

쁘에데 우스뗀 다르메 엘 세르띠피까도 데 데뽀씨또
¿Puede Ud. darme el certificado de depósito?

입국신고서

레끌라라시온 데 엔뜨라다
declaración de entrada

세관신고서

데끌라라시온 데 아두아나
declaración de aduana

보세창고

데뽀씨또 데 라 아두아나
depósito de la aduana

통관수속

뜨라미따시온 빠라 빠사르 뽀르 아두아나
tramitación para pasar por aduana

통관신고서

데끌라라시온 빠라 빠사르 뽀르 아두아나
declaración para pasar por aduana

수하물 찾는 곳

레꼬히다 데 에끼빠헤
recogida de equipaje

수하물표

에띠께따 데 에끼빠헤
etiqueta de equipaje

 # 환 전

유로화에 대하여

유로화는 2002년 1월부터 은행계정과 현금거래에 통용되는 유럽연합 15개국(그 중 유로화를 도입한 국가는 12개국으로 영국, 스웨덴 그리고 덴마크는 제외)의 공식 화폐이다.

2002년 1월부터 일반인들도 자국의 구화폐와 더불어 신용카드와 현금 결제로 본 지폐를 사용할 수 있으나, 2002년 2월 28일 이후부터 구화폐와 주화의 통용이 정지된다.

지폐는 각기 다른 도안과 크기로 500, 200, 100, 50, 20, 10, 5. 유로의 총 7가지가 발행된다. 지폐 도안은 오스트리아 중앙은행의 디자이너 칼리나(Robert Kalina)가 디자인 한 것으로 유럽 역사를 상징하는 건축물을 형상화 하였다.

주화는 8종류로 1, 2 유로와 50, 20, 10, 5, 2 그리고 1센트로 발행된다. 모든 주화는 앞면에는 유럽대륙을 상징하는 기본 문양으로 통일하였고, 뒷면에는 경제화폐동맹에 가입한 11개국의 모티브를 범유럽 차원의 이미지로 창출하였다.

환 전

상황 실례지만 환전소가 어디에 있습니까?

꼰 수 뻬르미소 돈데 에스따 라 오피스나 데 깜비오 데 디네로
Con su permiso, ¿dónde está la oficina de cambio de dinero?

환전소에서 (1)

환전소 : 도와드릴까요?

엔 께 뿌에도 세르비르레
¿En qué puedo servirle?

여행객 : 환전해 주세요.

끼에로 깜비아르 엘 디네로
Quiero cambiar el dinero.

환전소 : 어떻게 바꿔드릴까요?

꼬모 로 끼에레
¿Cómo lo quiere?

여행객 : 잔돈으로 부탁합니다.

수엘또 뽀르 파보르
Suelto, por favor.

환전

상황: 한화를 뻬쎄따로 환전하고 싶습니다.

끼에로 깜비아르 디네로 꼬레아나 엔 뻬쎄따
Quiero cambiar dinero
coreana en peseta

환전소에서(2)

여행객: 한화를 환전해 주세요.

끼에로 깜비아르 디네로 꼬레아나
Quiero cambiar dinero coreana.

환전소: 어떻게 바꿔드릴까요?

께 끌라세 데 디네로 끼에레?
¿Qué clase de dinero quiere?

여행객: 1,000pts짜리 5장하고 500pts짜리 10장으로 부탁합니다.

데메 씽꼬 비예떼스 데 밀 디에스 데 끼니엔따스 뽀르 파보르
Deme cinco billetes de mil, diez de quinientas, por favor.

환전소: 싸인해 주십시오.

피르메 아끼   Firme aquí.

스페인의 사회와 문화

 스페인은 유럽대륙의 서남단에 위치한 이베리아 반도의 약 80%를 점유하는 본토와 지중해에 있는 발레아레스 제도, 대서양 북아프리카 바다의 카나리아 제도, 아프리카와 모로코 국내에 있는 세우타, 메리야 등의 민지 등으로 구성되어 있다. 스페인 본토의 평균고도는 600 m 로 유럽에서는 스위스 다음으로 표고가 높은 나라이다. 북동부에는 피레네 산맥, 그 서쪽에는 대서양을 따라 칸타부리야 산맥, 이베리아 반도의 중앙부에는 700 km² 에 걸친 중앙산괴(주의의 산맥에서 떨어져 고립된 한 무더기의 산)가 가로로 나뉘어져 있으며 그 남쪽에는 시에라모레나 산맥, 시에라네바다 산맥이 있다. 스페인은 1986 년의 EC 가입후 1992 년을 목표로 한 인프라정비, 민간설비투자, 호경기에 동반한 왕성한 소비, 만국박람회, 올림픽의 이벤트 효과 등에 의한 내적 요인으로 외국으로부터의 활발한 직접투자, 원유가격의 안정 등의 외적요인이 서로 어우러져 연율 5% 전후의 성장을 이룰 수 있었다. 스페인 사회는 중간층의 계층격차가 큰 점이 특징 다. 대지주와 양모 길드(Guild, 중세유럽에서 기술의 독점을 위해 조직된 동업자의 자치단체)의 지도자, 도시를 지배하는 고급관료와 군사지도부, 귀족 등이 견고한 상류계급을 만들고 있다. 그들은 점심식사와 '시에스타(낮잠)'를 위해 3~4시간 쉬는 등의 습관을 남겼다. 그러나 하층의 노동자와 농민은 일찍 자고 일찍 일어나서 근면한다. 가톨릭 교회도 단지 정신적인 지주에 머물지 않고 대지주로서 상층과 결부되어 있다.

기후

-기후는 지형적인 영향으로 매우 큰 지역차가 보인다. 이베리아 반도는 대서양기후, 대륙성기후, 지중해성기후의 영향을 받은 3지대로 구분된다. 대서양 기후지역에서는 멕시코만류, 북대서양 해류 등의 난류가 온난한 겨울을, 또 편서풍이 강우를 초래한다. 겨울은 따뜻하고 여름은 서늘한 서안 해양성 기후를 나타내고 건조 월이 다는 점에서 피레네

와 내륙의 고산지역과 비슷하다. 연강수량은 1,000 mm 이상이 되고 식생은 북서유럽과 같이 1년 내내 목초지가 보이고 떡갈나무와 너도밤나무 등의 습윤온대림으로 덮여 있다. 북부 칸타부리아에 접한 지방인 갈리시아에서 바스크 걸쳐 북부, 북서부가 이 기후대에 들어가는데 1년 내내 강우량이 풍부하여 풍부한 녹색 물결을 이룬다.

사회문화

일반적으로 스페인인은 개인주의적이지만 친해지기 쉽고 친절하다. 말하기를 좋아하고 꺼리낌없이 상대에게 조언을 해온다. 그것은 타인의 『실수』를 바로잡는 것이 자신들의 역할이라고 생각하기 때문이다. 한편 스페인인은 경제적인 풍요와 사회적 지위를 과시해 강한 인상을 심어주는 것이 중요하다고 생각해 외견을 극히 중요시하는 경향이 있다. 스페인을 여행하는 사람들이 처음에 당혹해하는 것은 일상 행동시간이 한국과 크게 다르다는 점이다. 일반가정에서의 아침 식사시간은 7시 30분~9시 사이로 한국과 그다지

차이가 없지만 점심 식사시간은 오후 2시~4시로 매우 늦은 편이다. 또 저녁식사 시간은 오후 9시~11시 사이로 보통 한국인 이라면 잘 시간에 식사를 하는 것이 특이하게 보인다. 상점 등도 오후 1시 또는 2시부터 약 3시간 동안은 폐점하고 4시경부터 8시 경까지 영업을 재개한다. 아침식사와 점심식사, 점심식사와 저녁식사 사이의 시간이 길기 때문에 식사와 식사 사이에 간단한 간식을 하는 사람들이 많다. 스페인인은 『그럼 또 내일』(HASTA MANANA)라고 하는 인사에서 알 수 있듯이 어떤 일에서도 서두르지 않고 자신의 의지대로 천천히 대처한다고 말할 수 있지만 최근에는 이같은 습성도 천천히 변화하고 있고 생활의 템포도 구미처럼 빨라지고 있다. 특히 직장인들 사이에서는 이전과 같이 점심식사에 오랜 시간이 걸리는 습관이 없어져 가고 있다. 또 점심식사후 낮잠(시에스타)을 자는 경우도 적어지고 있다.

- 비지니스 상담시에는 상담약속을 하고 약속을 지켜야

한다. 그리고 스페인인의 생활시간을 익혀두어야 한다.

- 화장실에서 여자용 특수변기에 남자가 소변을 보아서는 안된다.
- 호텔에 투숙시에는 여권을 일단 RECEPTION DESK 에 맡겨야 한다.
- 어떠한 일기에도 불구하고 구두를 벗거나 발이 보이게 앉는 일이 없도록 해야 한다.
- 식사시 소리를 내면서 먹거나 귀를 후벼서는 안된다.
- 상점 등에서는 인사를 하는 것이 관습이다.
- 길거리에서 구걸행위를 당할 경우에는 무조건 거절해야 한다.

전화로 호텔예약

상황

오늘밤 투숙할 더블룸을 예약하고 싶은데요. 이용할 수 있는 방이 있습니까?

끼에로 레세르바르 우나 아비따씨온 도블레 빠라
에스따 노체 띠에네 우뗃 우나 아비따씨온 리브레

Quiero reservar una habitación doble para esta noche.
¿Tiene Ud. una habitación libre?

전화로 호텔예약(1)

호텔예약부 : 예약부입니다. 도와드릴까요?

오피시나 데 레세르바시오네스
Oficina de reservaciones.

엔 께 뿌에도 세르비르레
¿En qué puedo servirle?

여행지 공항에 도착하여 모든 입국절차를 마치고 출구를 통하여 로비에 나온 여행객은 그곳에 있는 환전소에서 우선 현지통화의 환전이 필요합니다. 로비에는 환전소 뿐만 아니라, 호텔 예약카운터, 관광안내소 그리고 랜트카 카운터가 있습니다.

여행객 : 네, 한국에서 온 관광객입니다.
오늘밤 묵을 전망이 좋은 방을 예약하고 싶습니다.
쓸 방이 있습니까?

소이 뚜리스따 데 꼬레아
Soy turista de Corea.

끼에로 레세르바르 우나 아비따시온 꼰 부에나
비스따 빠라 에스따 노체
Quiero reservar una habitación con buena vista para esta noche.

띠에네 우스뗀 우나 아비따씨온 리브레
¿Tiene Ud. una habitación libre?

호텔예약부 : 네, 있습니다.
당장 쓰실 것이 있습니다.
성함을 불러주세요

씨 라 땡고
Sí, la tengo.

우뗀 뿌에데 오스뻬다르세 아오라 미스모
Ud. puede hospedarse ahora mismo.

수 놈브레 뽀르 파보르
Su nombre, por favor

전화로 호텔예약

전화로 호텔예약(2)

호텔예약부: 호텔 예약부입니다. 도와드릴까요?

에스 라 오피시나 데 ㄹ레세르바씨오네스
Es la oficina de reservaciones.

엔 께 뿌에도 쎄르비르레
¿En qué puedo servirle?

여행객: 방을 예약하고 싶습니다.
방 요금이 얼마입니까?

끼에로 ㄹ레세르바르 우나 아비따씨온 꾸안또 꾸에스따
Quiero reservar una habitación.
¿Cuánto cuesta?

예약부: 하룻밤에 4,000pts 입니다.

손 꾸아뜨로 밀 뻬세따스 뽀르 노체
Son cuatro mil pesetas por noche.

여행객: 싼 것들도 있습니까?

아이 우나 아비따씨온 마스 바라따
¿Hay una habitación más barata?

예약부 : 네, 있습니다.
일박에 2,000pts짜리도 있습니다.

씨 아이 우나
Sí, hay una.

도스 밀 뻬세따스 뽀르 노체
Dos mil pesetas por noche.

여행객 : 그것으로 하겠습니다.
나의 이름은 김인호입니다.

라 끼에로
La quiero.

메 야모 김 인 호
Me llamo Kim In Ho.

여행객 : 그 호텔까지 무얼 타고 가지요?

엔 께 뿌에도 이르 알 오뗄
¿En qué puedo ir al hotel?

예약부 : 셔틀버스를 타시면 여기에 오실 수 있습니다.

우스뗃 뿌에데 베니르 엔 아우또부스
Ud. puede venir en autobús.

여행객 : 얼마나 자주 운행합니까?

까다 꾸안또 띠엠뽀 살레 엘 아우또부스
¿Cada cuánto tiempo sale el autobús?

예약부 : 10분마다 출발합니다.

살레 까다 디에스 미누또스
Sale cada diez minutos.

타는 곳을 몰라서 지나가는 사람에게 묻는다.

여행객: 실례지만 셔틀버스는 어디에서 탑니까?

뻬르돈
Perdón.

돈데 뿌에도 또마르 엘 아우또부스
¿Dónde puedo tomar el autobús?

보행인: 저기에 큰 푯말이 보이십니까?

베 우뗻 엘 레뜨레로 그란데 데 알리
¿Ve Ud. el letrero grande de allí?

여행객: 네, 보입니다.

씨 로 베오
Sí, lo veo.

폐를 끼쳐서 미안합니다.

뻬르돈네 뽀르 라 몰레스띠아
Perdone por la molestia.

보행인: 괜찮습니다.

노 임뽀르따
No importa.

택시기사에게

상황 11

뜨리아나호텔까지 갑시다.

알 오뗄 뜨리아나 뽀르 파보르
Al hotel Triana, por favor.

▶ 택시기사에게

여행객 : 실례입니다만.
가장 가까운 택시 승차장이 어디에 있습니까?

뻬르돈
Perdón.

돈데 에스따 라 빠라다 데 딱씨 마스 세르까나
¿Dónde está la parada de taxi más cercana?

보행인 : 너무 지나쳐 오셨군요.

우뗃 야세 빠소 데마시아도
Ud. ya se pasó demasiado.

조금만 오던 길로 돌아가십시오.

레그레세 움 뽀꼬
Regrese un poco.

여행객 :	**감사합니다.**
	그라시아스 Gracias.
여행객 :	**여기가 택시 타는 곳입니까?**
	세 뿌에데 또마르 딱씨 아끼 ¿Se puede tomar taxi aquí?
택시기사 :	**네, 타십시오. 손님**
	씨 세뇨르 또메 뽀르 파보르 Sí, señor, tome, por favor.
	어디로 모실까요?
	아 돈데 레 예보 ¿A dónde le llevo?
여행객 :	**뜨리아나호텔까지 가주세요.**
	예베메 알 오뗄 뜨리아나 뽀르 파보르 Lléveme al hotel Triana, por favor.
택시기사 :	**알겠습니다.**
	뻬르펙따멘떼 Perfectamente.

길을 잃었을 때

상황 12

여기가 어디쯤 되는지 모르겠네.

노 쎄 돈데 에스따모스

No sé dónde estamos.

길을 잃었을 때

여행객 : 실례입니다만,
저는 여기가 초행인데 길을 잃었습니다.
여기가 어디쯤 됩니까?

뻬르도네
Perdone.

소이 에스뜨랑헤로 이 메 에 뻬르디도
Soy extranjero, y me he perdido.

돈데 에스따모스
¿Dónde estamos?

경찰관 : 여기 지도가 있습니다. 계신 곳이 바로 여기입니다.

아끼 아이 움 마빠
Aquí hay un mapa.

우뗃 에스따 엔 에스떼 뿐또
Ud. está en este punto.

여행객 : 이제 대강 알겠습니다.

아오라 엔띠엔도 움 뽀꼬
Ahora entiendo un poco.

경찰관 : 어디로 가길 바라십니까?

아 돈데 끼에레 이르
¿A dónde quiere ir?

여행객 : 스페인 광장에 가려구요.

끼에로 이르 아 라 쁠라사 데 에스빠냐
Quiero ir a la Plaza de España.

경찰관 : 길을 잘못 드셨습니다.
이 길로 가시면 반대방향으로 가시는 겁니다.

쎄 아 에끼보까도 데 디렉씨온
Se ha equivocado de dirección.

씨기엔도 뽀르 에스따 까예
Siguiendo por esta calle,

바 아 이르 엔 디렉씨온 꼰뜨라리아
va a ir en dirección contraria.

오던 길로 2,3분만 걸어가십시오.

부엘바 뽀르 엘 미스모 까미노 마스 오
메노스 도스 오 뜨레스 미누또스
Vuelva por el mismo camino más o menos dos o tres minutos.

숙박절차

상황 13

김인수란 이름으로 예약을 하고 왔습니다.

이쎄 우나 레세르바시온 아 놈브레 데 김 인 수
Hice una reservación a nombre de Kim In Su.

▶ 숙박절차를 밟을 때

호텔접수계원: 도와드릴까요?

엔 께 뿌에도 세르비르레
¿En qué puedo servirle?

여행객: 김인수란 이름으로 예약했었습니다.

이쎄 우나 레세르바시온 아 놈브레 데 김 인 수
Hice una reservación a nombre de Kim In Su.

호텔접수계원: 아, 네 숙박신고서에 기록하십시오.

예네 에스따 따르헤따 데 레히스뜨로
Llene esta tarjeta de registro.

여행객: 호텔 요금이 얼마입니까?

꾸안또 꾸에스따 엘 오스뻬다헤
¿Cuánto cuesta el hospedaje?

호텔접수계원 : 하룻밤에 3,000pts 입니다.

손 뜨레스 밀 뻬세따스 뽀르 노체
Son tres mil pesetas por noche.

여행객 : 여기 있습니다.

아끼 띠에네
Aquí tiene.

호텔접수계원 : 505 호실입니다.

방으로 안내해 드리겠습니다.

수 아비따씨온 에스 엘 누메로 끼니엔또스 씽꼬 세뇨르
Su habitación es el número quinientos cinco, señor.

레 예보 아 수 아비따씨온
Le llevo a su habitación.

방에서 식사 주문

상황: 내일 아침 7시에 두 사람이 할 식사를 주문하고 싶습니다.

데세오 오르데나르 운 데사유노 빠라 도스 뻬로소나스 빠라 마냐나 아 라스 씨에떼 데 라 마냐나

Deseo ordenar un desayuno para dos personas para mañana a las siete de la manana

▶ 방에서 식사를 주문할 때

방서비스계: 도와드릴까요, 손님?

엔 께 뿌에도 아유다르레 세뇨르
¿En qué puedo ayudarle, señor?

여행객: 내일 아침 7시에 두 사람이 할 식사를 주문하고 싶습니다.

데세오 오르데나르 엘 데사유노 빠라 도스 뻬르소나스 빠라 마냐나 아 라스 씨에떼 데 라 마냐나
Deseo ordenar el desayuno para dos personas para mañana a las siete de la mañana.

방서비스계 : 무얼 드시겠습니까?

께 끼에레 또마르
¿Qué quiere tomar?

여행객 : 반숙계란과 베이컨, 도마도주스 버터 바른 빵과 커피면 되겠습니다.

우에보 빠사도스 뽀르 아구아 또시노 후고
데 또마떼 빵 꼰 만떼끼야 이 까페 뽀르 화보르
Huevos pasados por agua, tocino, jugo de tomate, pan con mantequilla y café, por favor.

방서비스계 : 잘 알았습니다. 손님

아 수 세르비시오 세뇨르
A su servicio, señor.

식사 예약

상황

7시에 두 사람이 식사할 테이블을 예약하고 싶습니다.

끼에로 레세르바르 우나 메사 빠라 도스 뻬르소나스 빠라 라스 시에떼

Quiero reservar una mesa para dos personas para las siete.

▶ 시내식당에서 식사하고 싶을 때

식당접수원: 이리스식당입니다. 도와 드릴까요?

레스따우란떼 이리스 엔 께 뿌에도 세르비르레
Restaurante Iris. ¿En qué puedo servirle?

여행객: 네. 7시에 두 사람이 식사할 테이블을 예약하고 싶습니다.

끼에로 레세르바르 우나 메사 빠라 도스
뻬르소나스 빠라 라스 시에떼
Quiero reservar una mesa para dos personas para las siete.

식당접수원: 성함을 대주십시오.

수 놈브레 뽀르 파보르
Su nombre, por favor.

여행객 : **김인호입니다.**

소이 김 인 호
Soy Kim In Ho.

식당접수원 : **7시에 2인용 테이블 미스터 김?**

빠라 라스 시이떼 우나 메사 빠라 도스 뻬르소나스
우스뗄 에스 엘 세뇨르 김 노
Para las siete, una mesa para dos personas, Ud. es el Sr. Kim ¿No?

여행객 : **그렇소**

씨
Sí.

식당접수원 : **감사합니다. 그때 뵙겠습니다.**

그라시아스 아스따 라 비스따
Gracias. Hasta la vista.

식당에서

상황 18

오늘의 특별음식이 무엇입니까?

꾸알 에스 엘 메누 에스뻬시알 데 오이
¿Cuál es el menú especial de hoy?

➡ 시내식당에서

Waiter : 주문을 받을까요.

아 라 오르덴
A la orden.

여행객 : 오늘의 특별음식이 무엇입니까?

꾸알 에스 엘 메누 에스뻬시알 데 오이
¿Cuál es el menú especial de hoy?

Waiter : 생선 빠에야입니다.

라 빠에야 꼰 뻬스까도
La paella con pescado.

여행객 : 좋아요. 그걸 먹겠습니다.

부에노 라 또모
Bueno, la tomo.

Waiter :	마실 것은 무얼 드릴까요?
	께 베비다 끼에레 또마르
	¿Qué bebida quiere tomar?
여행객 :	오랜지주스로 하겠습니다.
	후고 데 나랑하 뽀르 파보르
	Jugo de naranja, por favor.
Waiter :	무슨 스프를 드릴까요?
	께 소빠 끼에레 또마르?
	¿Qué sopa quiere tomar?
여행객 :	양파 스프로 주세요.
	소빠 데 세보야
	Sopa de cebolla.
Waiter :	후식을 드시겠어요?
	께 끼에레 또마르 데 뽀스뜨레?
	¿Qué quiere tomar de postre?
여행객 :	커피와 사과파이로 하겠습니다.
	빠스뗄 데 만사나스 이 운 까페, 뽀르 파보르
	Pastel de manzanas y un café, por favor.

쇼핑(약국)

상황 17

비타민을 팝니까?

벤덴 비따미나스
¿Venden vitaminas?

쇼핑할 때 (약국에서) (1)

약 국: 도와드릴까요?
farmacia

께 데세아
¿Qué desea?

여행객: 비타민을 팔고 있습니까?

벤덴 비따미나스?
¿Venden vitaminas?

약 국: 비타민 B. C. E. 종합비타민 중에서 무엇을 드릴까요?

꾸알 비따미나 레 도이 베 세 에
¿Cuál vitamina le doy: B, C, E?

여행객 : 종합비타민을 주세요.

데메 우나 물띠 비따미나
Deme una multi-vitamina.

약 국 : 당신이 복용하실건가요?

에스 빠라 우스뗄
¿Es para Ud.?

여행객 : 아니오, 부인이 쓸 것입니다.

노 빠라 미 무헤르
No, para mi mujer.

약 국 : 그러시면 이걸 써 보시라고 하세요.
틀림없이 마음에 드실겁니다.

엔똔세스 레 레꼬미엔도 께 또메 에스따
씬 두다 레 구스따라
Entonces, le recomiendo que tome ésta
Sin duda, le gustará.

쇼핑(약국)

상황

입냄새 제거약 주세요.

데메 우나 메디시나 꼰뜨라 엘 말 올로르 데 보까
Deme una medicina contra el mal olor de boca.

➤ 약국에서 (2)

약 국: 도와드릴까요?

께 데세아 우스뗃
¿Qué desea Ud.?

여행객: 입냄새 제거약 주세요.

데메 우나 메디시나 꼰뜨라 엘 말 올로르 데 보까
Deme una medicina contra el mal olor de boca.

약 국: 여기 있습니다. 그 밖에 또?

아끼 띠에네   알고 마스
Aquí tiene, ¿algo más?

여행객: 기침약 주십시오.

데메 우나 메디시나 꼰뜨라 라 또스
Deme una medicina contra la tos.

여행객: 코감기에 먹는 약 주십시오.

데메 메디시나 빠라 엘 까따로.
Deme medicina para el catarro.

설사약 좀 주십시오.

데메 메디시나 꼰뜨라 라 디아ㄹ레아
Deme medicina contra la diarrea.

알러지 증세에 먹는 약 주십시오.

데메 메디시나 꼰뜨라 라 알레르히아
Deme medicina contra la alergía.

소화불량에 쓰는 약 주십시오.

데메 메디시나 꼰뜨라 라 인디헤스띠온
Deme medicina contra la indigestión.

종합감기약 주십시오.

데메 메디시나 꼰뜨라 운 ㄹ레스프리아도 꼼쁠레호
Deme medicina contra un resfriado complejo.

쇼핑할때

약국에서

쇼핑(카메라점)

상황 19

저 카메라를 보고 싶습니다.

끼에로 미라르 아께야 까마라
Quiero mirar aquella cámara.

카메라점에서

가게주인 : 도와드릴까요?

께 데세아 우뗃
¿Qué desea Ud.?

여행객 : 저 카메라를 보고 싶습니다.

끼에로 미라르 아께야 까마라
Quiero mirar aquella cámara.

가게주인 : 방금 나온 신형입니다.

에스 우나 까마라 데 모델로 누에보
Es una cámara de modelo nuevo.

여행객 : 카메라 값이 20,000페쎄타입니까?

꾸에스따 베인떼 밀 뻬세따스
¿Cuesta veinte mil pesetas?

가게주인 : **네, 그렇습니다. 정찰제입니다.**

씨 아씨 에스. 에스 레히멘 데 쁘레시오 피호
Sí, así es. Es régimen de precio fijo

여행객 : **여행자수표로 지불하고 싶습니다.**

끼에로 빠가르 꼰 체께스 데 비아헤로
Quiero pagar con cheques de viajero.

가게주인 : **괜찮습니다.**

에스따 비엔
Está bien.

여행객 : **여기 있습니다.**

아끼 띠에네
Aquí tiene.

가게주인 : **즐거운 관광여행 하십시오.**

펠리스 비아헤
¡ Feliz viaje!

사진 찍을 때

상황 29

실례지만 한가지 부탁해도 될까요?

베르돈 뿌에도 뻬디르레 알고
Perdón, ¿Puedo pedirle algo?

➡ 관광지에서 사진을 찍을 때

여행객 : 이 카메라로 우리들 사진을 좀 찍어 주시겠습니까?

뿌에데 우뗀 사까르노스 우나 포또그라피아
꼰 에스따 까마라
¿Puede Ud. sacarnos una fotografía con esta cámara?

다른관광객 : 네, 그러죠.

씨 꼰 무초 구스또
Sí, con mucho gusto.

여행객 : 셔터의 단추를 누르기만 하세요.

솔라멘떼 아쁘레떼 엘 옵뚜라도르 뽀르 파보르
Solamente aprete el obturador, por favor.

다른관광객 : 두 분이 좀 더 가까이 서주세요.

아세르껜세 우노 알 훈또 알 오뜨로
Acérquense uno junto al otro

여행객 : 이렇게요?

데 에스따 포르마?
¿De esta forma?

다른관광객 : 됐습니다. 웃어보세요.

바스따   리안세
Basta.   Ríanse

찰칵!

소뻬똔
Sopetón

됐습니다.

바스따
Basta

여행객 : 감사합니다.

그라시아스
Gracias.

렌트카

상황 21

차를 빌리고 싶습니다.

끼에로 알낄라르 운 꼬체

Quiero alquilar un coche.

➡ 현지에서 차를 빌릴 때

여행객 : 거기가 렌터카입니까?

에스 라 아헨시아 데 알낄레르 데 꼬체스
¿Es la agencia de alquiler de coches?

랜트회사 : 네, 도와드릴까요?

씨 엔 께 뿌에도 세르비르레
Sí, ¿En qué puedo servirle?

여행객 : 오늘 오후 1시에 중형차 하나 빌리고 싶습니다.

끼에로 알낄라르 운 꼬체 메디아노 아 라
우나 데 라 따르데
Quiero alquilar un coche mediano a la una de la tarde.

랜트회사 : 어떤 차종이라야 하나요?

께 띠뽀 데 까로 데세아 우스뗃
¿Qué tipo de carro desea Ud.?

여행객:	한국차면 되겠습니다.

데세오 운 꼬체 꼬레아노
Deseo un coche coreano.

랜트회사:	누비라가 있습니다.

땡고 엘 모델로 누비라
Tengo el modelo Nubira.

여행객:	그걸로 하겠습니다.

로 알낄로
Lo alquilo.

요금은 얼마입니까?

꾸안또 꾸에스따?
¿Cuánto cuesta?

랜트회사:	하루 1,500pts에 풀보험이 하루 300pesetas 입니다.

손 밀 끼니엔따스 뻬세따스 뽀르 디아 이 엘 세구로
꼰뜨라 또도 릐에스고 에스 데 뜨레스시엔따스 뻬세따스
Son mil quinientas pesetas por día y el seguro contra todo riesgo es de trescientas pesetas.

여행객:	그 차를 가지러 1시까지 가겠습니다.

보이 아 이르 아 뜨라에르로 아스따 라 우나
Voy a ir a traerlo hasta la una.

| 랜트회사 : | 좋으실 대로 하십시오. |

아가로 꼬모 메호르 레 빠레스까
Hágalo como mejor le parezca.

| 여행객 : | 나의 이름은 김인호이고, |
| | 여기 전화번호는 207-6272입니다. |

메 야모 김 인 호
Me llamo Kim In Ho,

미 누메로 데 뗄레포노 에스 도스 쎄로 씨에떼
쎄이스 도스 씨에떼 도스
mi número de teléfono es dos cero siete seis dos siete dos.

| 랜트회사 : | 감사합니다. 김 선생님. |

그라시아스 쎄뇨르 김
Gracias, señor Kim.

렌트카

상황 22

김인호입니다.

쏘이 김 인 호
Soy Kim In Ho.

➡️ 렌트카 회사에서

랜트회사: 그러시군요.

아 씨 ¡Ah! Sí.

얼마동안 쓰실 것입니까?

꾸안또스 디아스 로 끼에레 우사르
¿Cuántos días lo quiere usar?

김인호: 이틀입니다.

도스 디아스 Dos días.

나의 크레딧카드입니다. 보증금은 얼마입니까?

에스따 에스 미 따르헤따 데 끄레디또
Esta es mi tarjeta de crédito.

꾸안또 에스 엘 데뽀씨또
¿Cuánto es el depósito?

랜트회사: 3,000pts입니다.

뜨레스 밀 뻬세따스 Tres mil pesetas.

대중 교통

상황 23 이 버스가 스페인광장까지 갑니까?

에스떼 아우또부스 빠사 뽀르 라 쁠라사 데 에스빠냐
¿Este autobús pasa por la Plaza de España?

▶ 대중교통 수단을 이용할 때

버스기사: 네, 그렇습니다.

씨 아씨 에스
Sí, así es.

여행객: 요금이 얼마입니까?

꾸안또 꾸에스따 엘 빠사헤
¿Cuánto cuesta el pasaje?

버스기사: 100pts입니다.

손 씨엔 뻬세따스
Son cien pesetas.

여행객 :	도착하면 내려주십시오.

꾸안도 예게 데헤메 알리
Cuando llegue, déjeme allí.

버스기사 :	내려드리고 말고요.

끌라로
Claro.

여행객 :	스페인광장까지는 몇 정거장이나 됩니까?

꾸안따스 빠라다스 아이 아스따 라 쁠라사 데 에스빠냐
¿Cuántas paradas hay hasta la Plaza de España?

버스기사 :	한참 가야됩니다. 20정거장입니다.

우스뗃 띠에네 께 이르 무초 띠엠뽀
Ud. tiene que ir mucho tiempo.

아이 마스 오 메노스 베인떼 빠라다스
Hay más o menos veinte paradas.

지하철

상황 24

실례지만 지하철을 어디에서 탑니까?

뻬르돈 돈데 뿌에도 또마르 엘 메뜨로
Perdón ¿Dónde puedo tomar el metro?

➤ 지하철을 이용할 때

보행인 : 똑바로 계속 가십시오.

시가 또도 렉또
Siga todo recto.

여행객 : 감사합니다.

그라시아스
Gracias.

여기서 멉니까?

에스따 레호스 데 아끼
¿Está lejos de aquí?

보행인 : 아니오, 조금만 가시면 됩니다.

노 에스따 세르까
No. Está cerca.

여행객:	**어디서 표를 살 수 있습니까?**
	돈데 뿌에도 꼼쁘라르 엘 비예떼
	¿Dónde puedo comprar el billete?
보행인:	**저 계단을 내려가십시오.**
	바헤 뽀르 아께야 에스깔레라
	Baje por aquella escalera.
여행객:	**감사합니다.**
	그라시아스
	Gracias.
여행객:	**똘레도행 표 두 장 주세요.**
	도스 비예떼스 빠라 똘레도 뽀르 화보르
	Dos billetes para Toledo, por favor.
	편도 승차권으로 주세요.
	비예떼스 데 이다
	Billetes de ida.

왕복표

엘 삐예떼 데 이다 이 브엘따
el billete de ida y vuelta

여행객:	빌바오 가는 것은 몇 호선입니까?

께 린네아 데 메뜨로 바 아 빌바오
¿Qué línea de metro va a Bilbao?

역원:	4호선입니다.

라 린네아 꾸아뜨로
La línea cuatro.

여행객:	열차를 갈아타야 하나요?

부에도 깜비아르 데 뜨렌
¿Puedo cambiar de tren?

역원:	그러실 필요없습니다.

노 로 네세씨따
No lo necesita.

갈아 타시지 않고 도착할 수 있습니다.

뿌에데 예가르 알리 씬 깜비아르
Puede llegar allí sin cambiar.

역원 : **갈아 타셔야 합니다.**

띠에네 께 깜비아르
Tiene que cambiar.

여행객 : **갈아타는 역 명칭은 무엇입니까?**

엔 께 에스따시온 뿌에도 깜비아르
¿En qué estación puedo cambiar?

역원 : **쎄비야광장입니다.**

엔 쎄비야
En Sevilla.

거기서 내리셔서 2호선으로 갈아타십시오.

바헤 알리 이 깜비에 아 라 린네아 누메로 도스
Baje allí y cambie a la línea número dos.

ferrocarril(훼로까릴), linea(린네아)	철도, 선로, 궤도, 선
cambiar de tren(깜비아르 데 뜨렌)	기차를 갈아타다.
sin cambiar(씬 깜비아르)	갈아타지 않고

전화

상황 25

서울에 전화하려고 합니다.

보이 아 야마르 아 세울
Voy a llamar a Seúl.

> 호텔에서 서울로 전화

호텔 : 잠시만 계십시오. 전화교환을 불러드리겠습니다.

에스뻬레 움 모멘또
Espere un momento.

보이 아 야마르 아 라 오뻬라도라
Voy a llamar a la operadora.

여행객 : 감사합니다.

그라시아스
Gracias.

국제교환 : 교환입니다. 도와드릴까요?

오뻬라도라
Operadora.

엔 께 뿌에도 쎄르비르레
¿En qué puedo servirle?

여행객 :	서울로 전화하고 싶습니다. 전화번호는 2796-2255. 그리고 지명통화로 해주세요.

끼에로 야마르 아 세울 꼬레아
Quiero llamar a Seúl, Corea.

뽀르 야마다 뽀르 꼬브라르 엘 누메로 에스 도스
씨에떼 누에베 쎄이스 도스 도스 씽꼬 씽꼬
Por llamada por cobrar El número es dos siete nueve seis dos dos cinco cinco.

국제교환 :	누구와 통화하고 싶으십니까?

꼰 끼엔 끼에레 꼬무니까르세
¿Con quién quiere comunicarse?

여행객 :	한여사입니다. 모친입니다.

꼰 라 세뇨라 한 에스 미 마드레
Con la Sra Han. Es mi madre.

| 국제교환: | 이름의 철자는? |

꼬모 세 에스끄리베 수 놈브레
¿Cómo se escribe su nombre?

| 여행객: | 에이치 에이 앤 |

아체 아 에네
H-A-N

| 국제교환: | 잘 알겠습니다. (좋습니다) |

무이 비엔
Muy bien.

대화자가 나오면 전화하겠습니다.

씨 ㄸ레시베 우나 야마다 레 아비사레
Si recibe una llamada, le avisaré.

| 여행객: | 네, 부탁합니다. |

뽀르 파보르
Por favor.

기차여행

상황: 가장 가까운 철도역이 어디에 있습니까?

돈데 에스따 라 에스따시온 델 뜨렌 마스 세르까나
¿Dónde está la estacón del tren más cercana?

> 기차여행을 할 때

보행인: 여기서 먼 거리입니다. 택시를 타십시오.

에스따 레호스 데 아끼
¿Está lejos de aquí?

또메 딱씨
Tome taxi.

택시기사: 어디로 모실까요.

아 돈데 레 예보
¿A dónde le llevo?

여행객: 가장 가까운 철도역으로 갑시다.

예베메 아 라 에스따씨온 델 뜨렌 마스 세르까나
Lléveme a la estación del tren más cercana.

택시기사 : **자, 다왔습니다.**

야 에스따모스
Ya estamos.

여행객 : **얼마입니까?**

꾸안또 에스
¿Cuánto es?

택시기사 : 250pts **입니다.**

손 도스시엔따스 씬꾸엔따 뻬세따스
Son doscientas cincuenta pesetas.

여행객 : **여기 있습니다. 거스름 돈은 넣어두세요.**

아끼 에스따 께데세 꼰 엘 깜비오
Aquí está. Quédese con el cambio.

여행객 : **매표소가 어디에 있습니까?**

돈데 에스따 라 따끼야
¿Dónde está la taquilla?

역원 :	저 화살표시를 따라가십시오.

씨가 엘 씨그노 데 라 플레차
Siga el signo de la flecha.

여행객 :	감사합니다.

그라시아스.
Gracias.

바르쎌로나까지 표 두 장 주십시오.

도스 비예떼스 빠라 바르셀로나
Dos billetes para Barcclona.

첫 열차는 몇 시에 있습니까?

아 께 오라 살레 엘 쁘리메르 뜨렌
¿A qué hora sale el primer tren?

역원 :	14:00시에 있습니다.

살레 아 라스 도스 데 라 따르데
Sale a las dos de la tarde.

투우에 관한 상식

투우(LA CORRIDA DE TOROS)

눈부신 태양과 지치지 않는 정열의 나라 에스파냐의 정서를 대표하는 La corrida de toros(투우)는 플라멩고와 함께 에스파냐인들의 인생철학이 깊게 베어있는 그들만의 독특한 문화다. 남성상의 극치로 상징되는 투우사(Torero 또는 Matador)와 투우(Toro)는 수많은 관중들의 환호 속에 드넓은 투우장(Arena)에서 피할 수 없는 죽음의 대결에 조우하게 된다. 거친 숨을 몰아내며 위협적인 뿔은 앞세워 돌진하는 검은 수소의 그 위풍당당한 모습, 그리고 그 맹수의 공격에 미동도 하지 않고 장검을 뽑아들어 날카로운 눈빛으로 수소를 노려보는 투우사의 모습에서 우리는 누구의 도움도 없이 일 대 일로 맞서 스스로 헤쳐 나가야 하는 우리의 삶을 목격하게 된다.

투우의 역사

유명한 '알타미라 동굴벽화'에서도 볼 수 있는 것과 같이 소는 인간의 삶에 있어 풍요를 상징하는 동물이었다. 투우는 본래 목축업의 번성을 기원하면서 황소를 재물로 바치는 의식에서 유래하였으나 현재는 그러한 종교적 의미는 사라졌다. 17C 말까지 궁중 귀족들의 스포츠로 발달하다가 18C 이후 대중화되기 시작하였다. 1701년 Felipe V의 왕위 즉위를 기념하여 행하여졌던 투우가 현대와 같은 투우의 기원이 되었다고 한다.

투우에 관한 상식

투우 엿보기

투우는 3월 발렌시아의 불의 축제를 시작으로 10월초 사라고사의 삐랄 축제까지 매주 일요일에 치러지고, 원형 경기장에 저녁 석양빛이 강하게 비춰 장내가 빛(Sol)과 그림자(Sombra)로 양분된 때, 정해진 시간(여름은 7시, 봄. 가을은 5-6시)에 시작된다. 좌석은 투우장과의 거리에 따라 Barreras, Tendidos, Gradas, Andanadas로 나뉘고, 태양 빛에 따라 Sol, Sol y Sombra, Sombra로 구분되며, 각각 가격이 다르다. 에스파냐의 강렬한 햇빛 속에 투우를 관람하는 것은 상당히 괴로운 일일 뿐 아니라 역광이라 잘 보이지도 않고 사진 찍기도 어렵기 때문에 그 가격차가 상당하다. 그날 투우장의 좌장(보통 지방의 고위관료 또는 경찰서장)이 입장하여 착석하면 악대가 빠소도블레(paso doble)를 연주하기 시작하고 투우사(Torero)와 보조자들(Cuadrillas)이 등장한다.

투우사의 명칭

▶마타도르

3막의 주인공으로 클라이막스를 장식하는 주연급 투우사. 소의 뿔에 얼마나 가까이 접근해서 얼마나 관중을 즐겁게 하는 가에 따라 그의 인기는 하늘를 찌르기도 하고 땅에 떨어지기도 하기 때문에 결국 마타도르의 운명은 죽이지 않으면 죽는 최고의 승부사 기질을 갖추어야 한다. 1700년 이래 125명의 유명한 투우사 중에서 40명 이상이 투우장에서 죽었다. 복장은 짧은 상의와 조끼, 무릎

투우에 관한 상식

까지 오고 몸에 꼭 끼며 금, 은, 비단으로 장식된 바지, 장식이 달린 공단과 망토레이스로 만든 셔츠웨이스트를 입고 산호색 스타킹에 굽이 없는 평평한 검정색 덧신을 신고 있으며 검정색 세닐 실 뭉치로 만든 모자인 몬테라를 쓴다.

▶삐까도르

심을 박아 넣은 보호대로 감싼 말을 타고 투우에게 단창을 찔러 투우의 기운을 떨어 뜨리는 조연.

▶반데리에로

장식 작살인 반데리아를 황소의 목이나 어깨에 꽂는 조연.

▶까발레이로

2~3명으로 구성되는데 1막에서 투우를 흥분시키는 조연급 투우사로 챙이 넓은 베이지색 모자와 상의에 사무아 가죽으로 만든 몸에 꼭끼는 바지를 입고 안전하게 만든 앵글 부츠를 신는다.

▶포르카도

황소의 주변을 걸어다니며 관중을 즐겁게 해주는 조연.

투우에 관한 상식

투우 경기의 순서 La Media Veronica

일종의 탐색전으로 검은 수소가 등장하면 3명의 투우사들은 번갈아 가며 까빠(Capa)로 소를 유인하며 소의 특성을 파악하는 과정이다.

Primer Tercio : Suerte de Varas (제1장)

갑옷으로 무장한 말을 타고 등장한 삐까도르(Picador)는 긴 창을 들고 10Cm 길이의 창끝으로 소의 등골을 찌른다. 이것은 이 공격으로 상처를 입은 소가 머리를 숙이게 하여 최후의 일격 목표인 등의 숨골을 잘 보이도록 하기 위한 것이다.

Segundo Tercio : Banderillas (제2장)

반데리예로(Banderilleros)들이 차례로 나와 소를 중심으로 반원을 그리며 돌다가 순간적으로 반데리야스(꼬챙이)를 등의 숨의 급소에 찔러 넣는다. 유연하고 멋있는 동작에 관중들은 박수를 보내고, 이 공격으로 소는 더욱 흥분하게 되지만 상처로 인해 힘이 약

투우에 관한 상식

해진다.

Tercer Tercio : El Momento Supremo (제3장)

악대의 빠소도블레 연주를 신호로 이 소를 맡은 투우사가 등장한다. 나무막대기를 넣은 물레따를 들고 나와 소와 예술의 한 마당을 펼치는 투우의 백미이다. 두발을 땅에서 떼지 않고, 가능한 한 소와 가까이서 물레따(Muleta)로 소를 유인한다. 위 협적인 뿔을 앞세운 소를 물레따로 통과시키는 이 아슬아슬한 연기는 투우사의 인기도를 결정하는 순간이고, 관중은 명연기가 연출될 때마다 '올레(!Ole!)'라는 환성을 질러댄다. 좌장의 신호와 함께 날카로운 트럼펫 소리가 울려 퍼지며 최후의 순간을 알린다. 날카로운 장검으로 바뀌든 투우사는 한 복판으로 가 소와 1대 1로 맞선다. 갑자기 찾아온 정적에 어리둥절해진 소는 가만히 서서 거친 숨을 몰아쉬고 있다. 투우사는 우표크기만한 소등의 급소를 정확히 조준, 단숨에 찔러 넣어야 한다. 정확히 명중하면 1미터길이의 장검이 칼자루까지 찔려 들어가 심장을 관통, 잠시후 소는 무릎은 푹

투우에 관한 상식

끓으며 쓰러져 숨을 거둔다. 만약 쓰러진 채 숨이 붙어 있을 경우 명치에 단도를 찔러 넣어 고통을 덜어준다. 만약 투우사의 연기가 훌륭하면 관중들은 하얀 손수건을 꺼내들어 흔들고 투우사는 소의 귀를 전리품으로 받는다. 드문 일이지만 연기가 더욱 훌륭했을 경우 소의 양 귀, 그리고 꼬리까지 받는 경우도 있다. 이렇게 소와 인간의 격전이 한차례 끝나면 죽은 소는 당나귀에 끌려나가고 모노사비오들(Monosabios)이 재빨리 투우장을 정리한다. 곧이어 다음 라운드로 넘어가는데 이런 과정이 여섯 번 반복된다. 즉 3명의 투우사가 각각 2마리의 투우를 죽이는데, 때때로 쇠뿔에 받혀 중상을 입거나 죽음을 맞이하는 경우도 있다.

스페인의 인기 투우사

▶호르헤 모라

젊은 층에게 사랑받는 투우사로 화려한 몸짓과 정확한 칼 솜씨는 마치 예술과 같으며 스페인 투우를 이끌어 갈 차세대 마타도르!!

투우에 관한 상식

▶안토니오 로라

10여년의 오랜 경력을 통해 많은 부상에도 불구하고 가장 용기 있는 투우사로 평가받고 있으며 현재 최고의 인기를 누리는 정상급 투우사임.

▶마벨라 로메로

강인함과 부드러움으로 관중을 압도하는 연기력의 소유자로 세계에서도 몇 명 안되는 훌륭한 여성 마타도르 중의 하나임.

투우에 대해 한 두 가지 더 알고 싶은 것

투우장의 나선 소는 붉은 색을 보고 흥분하는가? 평생 일도 하지 않고 푸른 초원을 유유자적하며 즐기던 소가 투우장에 끌려오면 투우가 시작될 때까지 몇 시간 동안 캄캄한 독방에 갇힌다.

갑자기 변한 주변환경에 정서적으로 크게 불안해하다가 햇볕이 작렬하는 투우장에 나서는 순간, 또다시 변한 환경과 관중들의 함성에 흥분하기 시작한다. 소는 불안과 공포에 휩싸여 있지만 인간에게 적대행동을 당한 기억이 없기 때문에 인간을 공격하지 않는

투우에 관한 상식

다. 다만 흥분상태에서 비록 붉은 색은 보이지 않지만 눈앞에서 어른거리는 천이 몹시 신경에 거슬려 위협을 느끼고 뿔로 받으려 한다. 오히려 붉은 색 천에 흥분하는 것은 열광하는 관중이다.

투우, 끔찍한 살육. 동물학대의 현장인가?

투우가 '놀이'가 아닌 인생철학이 응축된 의식이라고 하지만, 그러한 철학에 이해가 없는 이방인들에겐 잔인하기 이를 데없는 동물학대요 학살로 느껴진다. 그래서 동물애호가들은 이러한 끔찍한 동물학대를 당장 금지시켜야 한다고 주장한다.

그러나 평생 노동에 시달리다 결국 도살장에서 고깃덩어리로 팔려나가는 소들에 비하면, 투우장에 나서는 소들은 평생 평화롭고 자유로운 생활을 즐기다 투우장에 나와 단 15분간의 고통만으로 명예로운 죽음을 맞는다고 말하며 동물애호가들의 비판에 반박한다.

세계의 표준시간대

그리니쥐 민 타임 : 그리니치 표준시((약 GMT))
Greenwich Mean Time
Greenwich 그리니쥐·그리니치 : 런던교의 템스강 가의 자치구. 본초 자오선의 기점. 그리니치 천문대의 소재지

■ 주요도시명

London 런던 : 영국의 수도	Noon 눈 : 정오	
Stockholm 스따크호울음 : Sweden 의 수도	+1	PM
Vienna 비에너 : 오스트리아의 수도	+1	〃
Helsinki 헬싱키 : 핀란드의 수도·항구	+2	〃
Tripoli 트리펄리 : 리비아의 수도	+2	〃
Cairo 카이러로우 : 이집트의 수도	+2	〃
Johannesburg 죠우해니스 벌그 : 남아메리카 연방 제일의 도시	+2	〃
Cape Town 케이프 타운 : 남아공화국의 입법부 소재지	+2	〃
Moscow 마스카우·마스코우 소련의 수도 : 러시아어명은 Moskva	+3	〃
Nairobi 나이로우비 : Kenya 공화국의 수도	+3	〃
Tehran 테어러랜 : 이란의 수도	+3:30	〃
Volgograd 발거그래드 전이름 : Stalingrad : 소련남부의 도시	+5	〃
Abu Dhabi 아부다비 : 아랍에미리트 연방의 주요구성국·수도	+5	〃
Tashkent 태쉬켄트 : 소련 Uzbek 공화국의 수도	+4:30	〃
New Delhi 뉴델리 : 인도공화국의 수도	+4:30	〃
Singapore 싱거포얼 : 말레이반도 남단의 섬:영연방내의 공화국 수도	+7	〃

■ 주요도시

		PM
Bangkok 뱅칵크·뱅코크 : Thailand 의 수도	+7:30	〃
Jakarta 쥐어카얼터 : 인도네시아 공화국의 수도	+7:30	〃
Beijing 베이징 = Peking	+9	〃
Hong Kong 홍콩·항캉	+8	〃
Manila 머닐러 : 필립핀의 수도	+8	〃
Seoul 서울 : 한국의 수도	+9	〃
Vladivostok 블래디버스딱크 : 소련령시베리아 동남의 항구	+9	〃
Tokyo 도쿄 : 일본의 수도	+9	〃
Adelaide 애더레이드 : 오스트레일리아 남부의 도시	+9:30	〃
Sydney 시드니 : 오스트레일리아 동해안의 항구도시: NSW주의 수도	+11	〃
Anchorage 앵커리지 : 미국 알래스카주 남부의 항구도시	−10	AM
Honolulu 하너룰루 : 미국 하와이주의 수도	−10	〃
Vancouver 뱅쿠버 : 캐나다 남서부 부리티쉬 컬럼비아주의 항구도시	−7	〃
San Francisco 샌푸런씨스코우 : 캘리포니아주의 항구도시	−8	〃
Chicago 쉬카고우 : 미시간 호숫가에 있는 미국 제2의 도시	−6	〃
Mexico 맥시코우 : 북미남부의 공화국: 수도는 Mexico City	−6	〃
Montreal 만추리올 : 캐나다 남동부의 도시	−5	〃
Toronto 터란토우 : 캐나다 남동부 Ontario 주의 수도	−5	〃
New York : 뉴욕주에 있는 미국 최대의 도시	−5	〃
Bogota 보우거토 : 남아메리카 콜롬비아 공화국의 수도	−5	〃
Lima 리머 : 페루의 수도	−5	〃
Buenos Aires 부에이너스 에어리즈 : 아르헨티나의 수도	−3	〃

숙박시설

스페인 전역에 걸쳐 다양한 종류의 많은 숙박시설이 있어 관광객이 편리하게 이용

1. 호텔
특색에 따라 5등급으로 나누며 별의 개수로 표시.

2. 레지덴시아(RESIDENCIA)
레스토랑이 없는 호텔로 바(BAR)와 커피 바 등이 있으며 아침식사와 룸서비스를 제공받을 수 있다.

3. HOSTAL(오스딸)
호텔과 비슷한 숙박시설로서 별 1개에서 별 3개까지 3등급으로 나누어져 있다.

4. PENSION(펜시온)
우리 나라의 여관, 하숙 시설과 비슷. 오랜 전통을 가진 이 숙박 시설은 다양한 설비를 갖추고 있어 편안하고 친절한 서비스를 받을 수 있다.

평범한 여행코스를 답사하는 식의 여행이 아닌 스페인을 좀 더 깊이 알고자 하시는 분이라면 PENSION(펜시온)이 적합한 숙박시설이 될 듯.

5. Apartment(아파트먼트)

가구가 비치되고 음식을 할 수 있는 우리 나라의 콘도미니엄과 비슷한 임대용.

장기체류자를 위한 아파트먼트는 COSTA BRAVA(바르셀로나 북부) VALENCIA, BALEARES COSTA DEL SOL (MALAGA 서해안) 등 해안선을 따라 설치.

요금은 사람 수로 책정하고 계절과 장소에 따라 변동이 있다.

아파트먼트는 여행사의 정규 서비스의 일환으로 관광객들이나 장기 체류 자에게 대여해 주고 있다.

6. 야영장(Camping)

전체 약 40만개의 텐트를 수용할 수 있는 약 800여 개의 있다.

스페인 전역에 있는 야영장은 특히 해변을 중심으로 설치. 야영장은 특성이나 시설에 따라 등급이 나누어지며 서비스에 따라 요금도 달라진다. 야영장 이외의 장소에서 캠핑을 할 경우는 그 장소가 제한구역이 아닌가를 확인해 보아야 하며 개인 소유지 일 때에는 소유자의 허가를 받아야 한다.

7. 온천/휴양지

스페인에는 90여 개의 온천과 휴양지가 있는데 이 중에는 수세기 동안 이용해 온 것도 있다.

온갖 종류의 질병을 치료할 수 있는 시설뿐 아니라 다양한 종류의 호텔, 스포츠, 레저시설이 구비되어 있다.

8. Paradores(빠라도레스)

관광 PARADORES는 스페인 관광에서만 접할 수 있는 가장 독특하고 매혹적인 호텔. 전국적으로 86개의 체인으로 되어 있는 PARADORES는 대부분 옛 성이나 궁전, 수도원 등 예술적 가치가 있고 역사적으로 기념할 만한 건물을 개조하여 만들었거나 스페인의 가장 아름다운 지역들을 선정하여 만들었으며 이곳에서는 최상급 수준의 호텔시설과 서비스를 제공한다.

일반적으로 PARADORES는 별 3~4개의 등급에 해당하며 전국 각지에 걸쳐 산재해 있다.

여행시 긴급상황

여러 가지 긴급상황을 대비해서 점검할 사항들

여행, 특히 고국에서 멀리 떨어진 낯선 곳을 여행할 때는 반드시 비상사고 혹은 긴급상황과 마주치게 마련이다. 물건이나 증명서를 분실했다거나 갑작스런 질병이 생기는 경우는 언제나 여행자들을 노리는 불안한 사항들이다. 위와 같은 비상사고를 당하고 나서 빨리 해결하는데 큰 도움이 되는 것들은 다음과 같으니 반드시 지니고 다녀야 한다.

1. 여행지에 위치한 우리나라 해외공관주소록: 사고를 당했을 때 가장 먼저 전화걸어야 하는 곳이 바로 대사관, 영사관 등의 해외주재 공관원이다. 따라서 이들의 주소나 전화번호를 적은 종이를 반드시 지니고 다녀야 한다. 이 종이는 여권이나 지갑이 아닌 곳에 두는 것이 좋다. 여권이나 수첩은 자주 분실하는 것들에 속하기 때문이다.

2. 여행지에 위치한 한인업소 주소록: 위에 적은 공관은 의외로 휴일도 많고 근무시간도 매우 제한적이다. 무슨 일이 생겨 연락을 해도 근무시간이 지나 도움을 못받는 경우가 더 많을지도 모른다. 이점은 유학생이나 교민들이 항상 불만족스럽게 여기는 점이기도 하다. 아무튼 공공기관은 문을 닫을지언정 식당이나 상점은 일반적으로 항상 문을 열고 있다고 생각하면 된다. 특히 호

텔 같은 숙박업소는 항상 문을 열고 여러분을 기다리고 있다. 무슨 일이 생겼을 때 여러분에게 빠른 도움을 줄 수 있는 곳들은 공관원보다는 바로 이런 한인업소들이다. 한두 개 정도는 알아두도록 하자.

3. 각종 증명서의 복사본: 원본을 잃어버렸다손 치더라도 빠른 복구를 보장해주는 가장 좋은 방법은 바로 복사본들을 가지고 다니는 것이다. 특히 여권과 여행자수표 비행기표 등의 중요한 서류나 증명서는 꼭 복사해 놓도록 하자. 이런 것들이 없다면 새로 발급받을 증명서에 기입할 여러 숫자들, 가령 주민등록번호나 여권번호 등의 사소한 것들이 기억나지 않을 수도 있다. 낯선 땅을 여행하다보면 일시적인 건망증에 빠지는 경우가 더러 있다. 기억력을 너무 과신하지 말라. 적어도 낯선 곳에서의 여행 중에서는 말이다.

4. 사진 몇 장: 증명서를 분실했을 때 필요하다. 특히 여행지에서 뜻하지 않게 들어가고 싶은 곳이 생겼을 때 그 입장권에 붙일 때도 긴요하게 쓰일 수 있다. 예를 들면 입장카드가 있어야만 들어갈 수 있는 도서관이나 특수박물관 등에 입장할 때 쓸 수 있다.

5. 수신자 부담 전화서비스 번호: 한국의 친지에게 구조를 요청할 일도 생길 수 있으므로 수신자 부담 전화서비스 번호 하나 정도는 알아두어야 한다.

여권을 분실했을 경우

여행중 가장 빈번히 일어나는 사고중의 하나가 바로 여권 분실이다. 자주 내보여야 하고 항상 지니고 다녀야 하는 만큼 그 사고빈도가 높을 수밖에 없다. 그러나 여권 분실은 가장 심각한 사고임에 틀림없다. 여권이 없으면 사실상 더이상의 여행이 불가능하다고 보면 된다. 여권을 다시 발급받을 수 있는 곳은 해외주재 대사관이나 영사관밖에 없으므로 여권을 분실했을 경우는 바로 이곳에 연락해서 도움을 받아야 한다. 여권이 없으면 다른 나라로의 출국이 불가능한 경우가 대부분이므로 잃어버린 곳의 대사관이나 영사관을 찾는 것 외에는 별도리가 없다. 위에 적은 바대로 사진이나 여권번호 및 주민등록번호 메모 등 사전준비가 잘 되어있다면 빠른 시간내에 발급받을 수도 있겠지만 그렇지 못하면 오랜 시간을 끌게 되므로 주의할 것. 최악의 경우 같이 간 팀에서 이탈할 수 밖에 없는 경우를 당한다. 여권을 분실한 한 사람 때문에 팀 전체의 여행스케줄이 변동하는데는 한계가 있기 때문이다.

유용한 표현

엑스쁘레시온네스 우띨레스
expresiones útiles

1
저어, 여보세요.

알로
Aló.

2
저어, 여보세요.

올라
Hola.

3
여보세요? (전화 통화할 때)

전화거는 사람 **Oiga** 오이가

전화받는 사람 **Diga** 디가

4
나와 산책하지 않겠어요?

노 끼에레 우스뗃 다르 운 빠세오 꼼미고
¿No quiere Ud. dar un paseo conmigo?

5
누구시라고 전할까요?

데 빠르떼 데 끼엔
¿De parte de quién?

6
아무도 예측할 수 없다.

나디에 뿌에데 아디비나르
Nadie puede adivinar.

7
맞았어, 바로 그거야.

띠에네 롸손 데소 에스
Tiene razón, Eso es.

8
내 의견은 ~이다.

미 오삐니온 에스
Mi opinión es ~.

9
설마! 그럴까! 어머!

세라 뽀시블레 안다
¡Será posible! ¡Anda!

10
알겠소. 그렇군.

씨 로 세
Sí, lo sé.

11 생각해 보죠.

로 뻰사레
Lo pensaré.

12 안녕! 또 만나세!

아디오스 아스따 라 비스따
Adiós. Hasta la vista.

13 곧 알게 될꺼다.

바 아 사베르로 쁘론또
Va a saberlo pronto.

14 내가 보는 바로는 당신 생각이 옳다.

메 빠레세 께 우스뗃 띠에네 롸손
Me parece que Ud. tiene razón.

15 미안합니다만 지나갑시다.
좀 봐주세요, 눈 감아주세요.

로 씨엔또   빠세모스로
Lo siento. pasémoslo.

뻬르도네 뽀르 미스 팔따스
Perdone por mis faltas.

16 우리들을 놓아주시오.

데헤노스
Déjenos.

17 갑시다.

바모스
Vamos.

18 그런데, 뭐랄까.

뻬로 께 에스
pero ¿Qué es?

19 폭풍우 등이 가라앉고 있다.

에스따 깔만도세 라 뗌뻬스딷
Está calmándose la tempestad.

20 반드시 약속을 지켜야 합니다.

우스뗃 띠에네 께 꿈쁠리르 꼰 수 쁘로메사 씬 팔따
Ud. tiene que cumplir con su promesa sin falta.

21 정말로, 반드시

데 베라스, 씬 팔따
de veras, sin falta

22 진짜의, 현실의, 실제의, 순수한

ㄹ레알   뿌로
real   puro

23 그렇게 되는 것은 아주 당연하다.

에스 무이 나뚜랄 께 아씨 수세다
Es muy natural que así suceda.

24 서로 공평이 제일이다.

라 임빠르시알리닫 에스 로 쁘리메로
La imparcialidad es lo primero.

25 대단히 불쾌한

무이 데스그라시아도
muy desgraciado

26 형편없는, 시시한

모노또노
monótono

27 ~할 가치가 없는

노 발레 라 뻬나 데
No vale la pena de ~

28 내가 책임지겠다. 틀림없다.

로 엔까르가레 씬 두다
Lo encargaré. Sin duda.

29 실은 ~, 안 그래요?

엔 ㄸ레알리닫 노 에스 베르닫
En realidad ¿No es verdad?

30 어디서 왔습니까?

데 돈데 비에네
¿De dónde viene?

31 좋지 뭐 그러지 뭐 (상대방의 제안에)

에스따 비엔 (데 아꾸에르도)
Está bien (De acuerdo)

32 ~해 보면 어떤가? ~해 보지 그래

뽀르 께 노
¿Por qué no ~?

입어보지 그래?

뽀르 께 노 세 쁘루에바
¿Por qué no se prueba?

33 술과 음식으로 푸짐하게 대접하다.

임비따르 아 꼬메르 이 아 베베르
invitar a comer y a beber.

34 발걸음도 가볍게

꼰 빠소스 리헤로스
Con pasos ligeros

35 나는 비행중이다.

에스또이 엔 쁠레노 부엘로
Estoy en pleno vuelo.

36 기뻐서 어쩔 줄 모르겠다.

꾸안또 메 알레그로
Cuánto me alegro.

37 아직 미정이다.

또다비아 에스따 인데시소
Todavía está indeciso.

38 이따가 다시 전화하겠다.

보이 아 야마르레 마스 따르데
Voy a llamarle más tarde.

39 경솔한 짓하지 마라. 재난을 자초하지 마라.

노 꼬메따스 악또스 임쁘루덴떼스
No cometas actos imprudentes.

노 뜨라이가스 까라미닫
No traigas calamidad.

40 물어서 실례일지 모르지만,

빼르도네메 뽀르 쁘레군따르
Perdóneme por preguntar,

41 그것이 이것보다 더 낫다.

에쎄 이스 메호르 께 에스떼
Ese es mejor que éste.

42 이열치열 (속담)

깔마르 엘 깔로르 꼰 깔로르
calmar el calor con calor.

43 철저하게 하다. 갈데까지 다 가다.
최후의 선을 넘는다.

엑스뜨레마르세
extremarse

44 마음을 고쳐먹다, 생활을 일신하다.

꼬레히르세 레노바르 라 비다
corregirse renovar la vida.

45 바로 너 말야!

아 띠 미스모
A ti mismo.

렌터카로 휴양지에

상황 27

이 길이 바르셀로나에 가는 길입니까?

에스떼 에스 엘 까미노 빠라 바르셀로나?
¿Este es el camino para Barcelona?

렌터카로

보행인: 이 길로 가면 돌아가게 됩니다.

씨 세 또마 에스떼 까미노 쎄 따르다 무초
Si se toma este camino, se tarda mucho.

보행인: 어느 길이 지름길입니까?

꾸알 까미노 에스 엘 아따호
¿Cuál camino es el atajo?

보행인: 저 길로 가십시오.

씨가 뽀르 아껠 까미노
Siga por aquel camino.

여행객: 감사합니다.

그라시아스
Gracias.

여행객 : 실례지만 레온 어느 길입니까?

빼르돈 꾸알 에스 엘 까미노 빠라 레온
Perdón. ¿Cuál es el camino para León?

보행인 : 곧바로 계속 가시다가 서쪽으로 가세요.

씨가 또도 렉또 이 데스뿌에스 도블레 아씨아 엘 오에스떼
Siga todo recto y después doble hacia el oeste.

여행객 : 여기서 멉니까?

에스따 레호스 데 아끼
¿Está lejos de aquí?

보행인 : 아닙니다. 2마일이 채 못됩니다.

노 아이 메노스 데 도스 미야스
No, Hay menos de dos millas.

여행객 : 감사합니다.

그라시아스
Gracias.

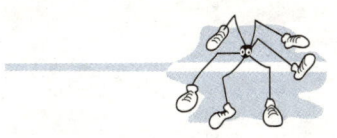

휴양지에서

상황 28

아, 여기가 소위 꼬스따 델솔이구나.

아하, 아끼 께다 라 야마다 꼬스따 델 솔!
¡Ah, Aquí queda la llamada, Costa del Sol!

▶ 휴양지에서

여행객: 참으로 멋진 해수욕장이군!

께 마라비요소 에스 엘 발네아리오
¡Qué maravilloso es el balneario!

동행인: 나와 같은 생각이시군요.

메 다 로 미스모
Me da lo mismo.

어디가서 뭣 좀 먹읍시다.

바모스 아 또마르 알고 뽀르 아이
Vamos a tomar algo por ahí.

여행객: **점심식사 후 무얼할까요?**

께 바모스 아 아세르 데스쁘에스 데 알모르사르
¿Qué vamos a hacer después de almorzar?

동행인: **수상스키를 하고 싶습니다.**

끼에로 쁘락띠까르 에스끼 아꾸아띠꼬
Quiero practicar esquí acúatico.

여행객: **그걸하면 좋겠군요.**

에소 에스 부에노
Eso es bueno.

동행인: **저 모터보트 좀 보세요.**

미레 우스뗄 아껠 보떼 모또리사도
Mire Ud. aquel bote motorizado.

여행객: **참 신나는군요!**

께 디베르띠도
¡Qué divertido!

| 여행객 : | 여기가 수상스키 타는 곳입니까? |

쁘에도 또마르 엘 에스끼 아꾸아띠고
¿Puedo tomar el esquí acuático?

| 담당자 : | 네, 그렇습니다. |

요금을 내시고 준비하십시오.

씨 로 에스
Sí, lo es

빠게 엘 임뽀르떼 이 쁘레빠레세
Pague el importe y prepárese.

| 여행객 : | 요금은 얼마입니까? |

꾸안또 에스
¿Cuánto es?

| 담당자 : | 이것이 요금표입니다. |

에스따 에스 라 리스따 데 쁘레시오스
Esta es la lista de precios.

| 여행객 : | 우리 차례는 언제옵니까? |

떼네모스 께 에스뻬라르 누에스뜨로 뚜르노
¿Tenemos que esperar nuestro turno?

담당자 : 차례를 기다려 주십시오.

에스뻬렌 수 뚜르노
Esperen su turno.

15 분만 있으면 차례가 옵니다.

에스뻬렌 낀세 미누또스
Esperen quince minutos.

여행객 : 기다리다 지쳐버렸다.

에스따모스 깐사도스 데 에스뻬라르
Estamos cansados de esperar.

담당자 : 차례가 왔습니다.

에스 수 뚜르노
Es su turno.

여행객 : 우리 꼬스따 델솔에 갑시다.

그리고 거기서 수영도 즐기고 윈드서핑도 즐깁시다.

바모스 아 꼬스따 델 솔 이 알리 나데모스 이
또메모스 엘 에스끼 아꾸아띠꼬
Vamos a Costa del Sol y allí nademos y tomemos el esquí acuático.

동행인 : 그 말씀 좋게 들립니다.

에소 에스 부에노
Eso es bueno.

거리가 얼마나 되지요?

께 디스딴시아 아이
¿Qué distancia hay?

여행객 : 차로 30분 걸립니다.

쎄 뜨르다 뜨레인따 미누또스 엔 꼬체
Se tarda treinta minutos en coche.

여행객 : 보드를 빌리고 싶습니다.

끼에로 알낄라르 움 보떼
Quiero alquilar un bote.

계원: 여기 있습니다. 고르세요.

아끼 띠에네 엘리하
Aquí tiene. Elija.

여행객: 두 시간 쓰겠습니다. 요금 받으세요.

우싸모스 두란떼 도스 오라스
Usamos durante dos horas

아끼 띠에네 엘 디네로
Aquí tiene el dinero

바람은 어때요?

꼬모 에스따 엘 비엔또
¿Cómo está el viento?

계원: 안성맞춤의 바람입니다.

에스따 무이 부에노
Está muy bueno.

병원에서

상황 29

어디가 아프십니까?

께 레 두엘레
¿Qué le duele?

여행중 병원에서(1)

여행객: **여기 허리를 삐끗했습니다.**

메 에 디스로까도 라 신뚜라
Me he dislocado la cintura.

의사: **오른쪽으로 누우세요.**

뚬베세 아 라 데레차
Túmbese a la deracha.

여행객: **허리가 많이 아픕니다.**

메 두엘레 무초 라 신뚜라
Me duele mucho la cintura.

의사: **어지럽습니까?**

띠에네 마레오
¿Tiene mareo?

환자: **네, 머리가 아프고 어지럽습니다.**

씨 메 두엘레 라 까베사 이 땡고 마레오
Sí, me duele la cabeza y tengo mareo.

의사: **숨을 크게 쉬세요.**

레스삐레 우스뗃 푸에르떼
Respire Ud. fuerte.

숨을 내쉬세요.

레스삐레
Respire.

숨을 들이마시십시오.

노 인스삐레
No inspire.

숨을 잠깐 멈추세요.

노 레스삐레 움 모멘또
No respire un momento.

병원에서

상황 30

드러누우세요

뽕가세 보까 아리바
Póngase boca arriba.

여행중 병원에서(2)

환자: 배가 아픕니다.

땡고 돌로르 데 에스또마고.
Tengo dolor de estómago.

의사: 숨 쉬기가 곤란합니까?

에스 디피실 레스삐라르
¿Es difícil respirar?

환자: 네, 그리고 화장실에 가고 싶습니다.

씨 끼에로 이르 알 바뇨
Sí, quiero ir al baño.

의사 : 수면제를 좀 드릴까요?

끼에레 우스뗃 우나 빠스띠야 빠라 도르미르
¿Quiere Ud. una pastilla para dormir?

환자 : 네, 부탁합니다.

씨 뽀르 파보르
Sí, por favor.

간호사를 부르는 장치는 어디 있습니까?

돈데 에스따 엘 보똔 빠라 야마르 아 라 엔페르메라
¿Dónde está el botón para llamar a la enfermera?

의사 : 이걸 누르세요.

더 필요한 것이 있으면 말씀하세요.

또께 에스떼
Toque éste.

디가메 씨 네세씨따 알고 마스
Dígame si necesita algo más.

환자 : 아니오, 감사합니다.

노 그라시아스
No, gracias.

그 밖에 환자가 해야 할 표현

1: 화장실에 가고 싶습니다.

끼에로 이르 알 바뇨
Quiero ir al baño.

2: 소변이 보고 싶습니다.

끼에로 오리나르
Quiero orinar.

3: 대변이 보고 싶습니다.

끼에로 데페까르
Quiero defecar.

4: 마실 것 좀 주십시오.

데메 알고 께 베베르
Deme algo que beber.

5: 갑자기 뒤가 마렵습니다.

데 ㄹ레뻰떼 끼에로 이르 알 바뇨
De repente, quiero ir al baño.

6 : 산책을 해도 됩니까?

쁘에도 다르 운 빠세오
¿Puedo dar un paseo?

7 : 의자에 앉아도 됩니까?

쁘에도 쎈따르메 엔 라 씨야
¿Puedo sentarme en la silla?

8 : 전화를 써도 되겠습니까?

쁘에도 우사르 엘 뗄레포노
¿Puedo usar el teléfono?

9 : 담배 피워도 됩니까?

쁘에도 푸마르
¿Puedo fumar?

10 : 언제 퇴원하게 됩니까?

꾸안도 쁘에도 살리르 델 오스삐딸
¿Cuándo puedo salir del hospital?

11: 진통제를 좀 주시겠습니까?

쁘에데 우스뗃 다르메 운 아날헤시꼬
¿Puede Ud. darme un analgesico?

12: 뭐 찬것 좀 주십시오.

데메 알고 프리오
Deme algo frío.

13: 수면제를 좀 주시겠습니까?

쁘에데 우스뗃 다르메 우나 빠스띠야 빠라 도르미르
¿Puede Ud. darme una pastilla para dormir?

14: 숨쉬기가 곤란합니다.

에스 디피실 ㄹ레스삐라르
Es difícil respirar.

15: 피를 조금 뽑으려고 왔습니다.

벵고 아 사까르메 상그레
Vengo a sacarme sangre.

그 밖에 의사가 하는 말

16 : 여기 약이 있습니다.

아끼 띠에네 라 메디시나
Aquí tiene la medicina.

17 : 약을 드십시오.

또메 에스따 메디시나
Tome esta medicina.

18 : 식사를 다 하셨습니까?

아 꼬미도 또도
¿Ha comido todo?

19 : 어지럽습니까?

띠에네 우스뗃 마레오
¿Tiene Ud. mareo?

20 : 토할 것 같습니까?

씨엔떼 가나스 데 보미따르
¿Siente ganas de vomitar?

21 : **가만히 걸어보세요.**

안데 렌따멘떼
Ande lentamente.

22 : **화장실에 가고 싶으십니까?**

끼에레 우스뗃 이르 알 바뇨
¿Quiere Ud. ir al baño?

23 : **어디 한번 봅시다.**

아 베르 오뜨라 베스
A ver otra vez.

24 : **가만히 계세요.**

ㄹ레라헤세
Relájese

25 : **왼쪽으로 누우세요.**

뚬베세 아 라 이스끼에르다
Túmbese a la izquierda.

26 : **드러 누우세요.**

뽕가세 보까 아ㄹ리바
Póngase boca arriba.

27 : 엎드리세요.

뽕가세 보까 아바호
Póngase boca abajo.

28 : 돌아 누우세요.

볼떼에세
Voltéese.

가만히 누워계세요.

뻬르마네스까 아꼬스따도
Permanezca acostado.

29 : 내려오세요.   올라가세요.

바헤.   수바
Baje.   Suba.

30 : 다 끝났습니다.

쎄 아까보 또도
Se acabó todo.

잠시 기다려 주세요.

에스뻬레 운 모멘또
Espere un momento.

31 : 편안히 쉬세요.

데스깐세 뜨랑낄로
Descanse tranquilo.

32 : (나는)아프지 않습니다.

노 에스또이 엔페르모
No estoy enfermo.

33 : 허리를 구부려 보세요. (웅크려 보세요)

도블레 라 신뚜라
Dóble la cintura.

34 : 화장실로 가세요.

바야 우스뗀 알 바뇨
Vaya Ud. al baño.

35 : 쉬셔야 합니다.

네세씨따 데스깐사르
Necesita descansar.

소매치기

상황 31

소매치기를 당했어요.

메 안 로바도
Me han robado.

> 소매치기

여행객: 도와주세요.

아유데메
Ayúdeme.

내 지갑이 없어졌어요.

메 안 로바도 라 까르떼라
Me han robado la cartera.

보행인: 기다리세요. 경찰을 부르겠습니다.

에스뻬레. 보이 아 야마르 아 라 뽈리시아
Espere. Voy a llamar a la policía.

도난사건

상황 32

간 밤에 방 안에 도둑이 들었어요.

메 로바론 아노체
Me robaron anoche.

➡ 도난사건

호텔측: 저런 이를 어쩌나!

무얼 도난 당했습니까?

께 라스띠마
¡Qué lástima!

께 레 로바론
¿Qué le robaron?

여행객: 운전면허증, 신용카드, 여행자수표와 현금이요.

미 리쎈시아 데 꼰두시르 우나 따르헤따 데 끄레디또
체께스 데 비아헤로 이 디네로 엔 에펙띠보
Mi licencia de conducir, una tarjeta de crédito, cheques de viajero y dinero en efectivo.

예정대로 여행할 수가 없어요.

노 뿌에도 비아하르 세군 미 쁠란
No puedo viajar según mi plan.

호텔측: 즉각 적절한 조처를 하겠습니다.

또마레모스 우나 메디다 아데꾸아다 꼰 쁘론띠뚣
Tomaremos una medida adecuada con prontitud.

여행객: 부탁합니다.

뽀르 파보르
Por favor.

은행: 스페인은행입니다. 도와드릴까요?

방꼬 데 에스빠냐
Banco de España.

엔 께 쁘에도 쎄르비르레
¿En qué puedo servirle?

여행객: 신용카드를 도난당했습니다.

메 안 로바도 라 따르헤따 데 끄레디또
Me han robado la tarjeta de crédito.

은행: 성함을 부탁합니다.

수 놈브레 뽀르 파보르
Su nombre, por favor.

여행객: 한국에서 온 김인수입니다.

소이 김 인 수 데 꼬레아
Soy Kim In Su, de Corea.

교통사고

상황 33

충돌 사고가 났어요!

우보 운 초께 데 꼬체스

Hubo un choque de coches.

→ 교통사고

교통경찰 : 당신 실수가 아닙니다.

우스뗃 노 쎄 아 에끼보까도
Ud. no se ha equivocado.

여행객 : 견인차 좀 불러주세요.

엔비에메 우나 그루아
Envíeme una grua.

교통경찰 : 불러드리고 말고요.

꼰 무초 구스또
Con mucho gusto.

면허증 좀 보여주실까요?

쁘에도 베르 수 리쎈시아 데 꼰두시르
¿Puedo ver su licencia de conducir?

비행기 예약

상황

6월 10일 마드리드에서 바로셀로나까지 아침 비행기가 있습니까?

아이 알군 부엘로 데 마드리드 아 바르셀로나
뽀르 라 마냐나 엘 디에스 데 후니오

34

¿Hay algún vuelo de Madrid a Barcelona por la mañana, el diez de junio?

여행국에서 비행기 예약:

여행사 : 네, 8시에 마드리드발 직행이 있습니다.

씨 아이 운 부엘로 디렉또 데 마드리드 엘 데 라스 오초
Sí, hay un vuelo directo de Madrid, el de las ocho

여행객 : 좋습니다. 그 비행기에 예약을 하겠습니다.

부에노 보이 아 레세르바르 빠라 에세 부엘로
Bueno. Voy a reservar para ese vuelo.

일등석(이등석)을 부탁합니다.

쁘리메라 끌라세 (세군다 끌라세) 뽀르 파보르
Primera clase(Segunda clase), por favor.

예약 확인

상황 예약을 확인하려고 전화했습니다.

에 야마도 빠라 꼰피르마르 미 부엘로
He llamado para confirmar mi vuelo.

➤ 예약이 유효한지 확인

여행사: 날짜와 비행기 번호를 말씀해 주세요.

디가메 라 페차 이 엘 누메로 데 수 부엘로
Dígame la fecha y el número de su vuelo.

여행객: 6월 10일이고, 비행기 번호는 707입니다.

에스 엘 부엘로 쎄떼시엔또스 시에떼
Es el vuelo setecientos siete,

델 디에스 데 후니오
del diez de junio.

여행사 : **성함은?**

수 놈브레 뽀르 파보르
¿Su nombre, por favor?

여행객 : **김인호입니다.**

소이 김 인 호
Soy Kim In Ho.

여행사 : **잠시만 기다리세요.**

에스뻬레 움 모멘또.
Espere un momento.

네, 예약이 유효한 것으로 재확인됐습니다.

께다 ㄹ레꼰피르마도 엘 부엘로
Queda reconfirmado el vuelo.

예약 변경

상황 비행기 예약을 변경하고 싶습니다.

끼에로 깜비아르 라 ㄹ레세르바시온 데 미 부엘로 뽀르 파보르

Quiero cambiar la reservación de mi vuelo, por favor.

➤ 예약 변경

항공사 : 이베리아항공사 예약처입니다. 도와드릴까요?

ㄹ레세르바시온 데 아에로린네아 이베리아
Reservación de Aerolínea Iberia.

엔 께 뿌에도 세르비르레
¿En qué puedo servirle?

여행객 : 저는 김인호입니다.
6월 10일 아침 8시 비행기를 예약했었는 데
변경하려고 합니다.

소이 김 인 호 뽀르 파보르 끼에로 깜비아르
Soy Kim In Ho. Por favor, quiero cambiar

라 ㄹ레세르바시온 데 미 브엘로 께 에스따바
la reservación de mi vuelo que estaba

쁘로그라마도 빠라 엘 디에스 데 후니오
programado para el diez de junio.

항공사: **5월 10일 오후 2시 서울행이었지요?**

에스 엘 부엘로 빠라 세울 델 디에스 데 마요
아 라스 도스 데 라 따르데
Es el vuelo para Seúl del diez de mayo, a las dos de la tarde?

여행객: **맞습니다.**

에스 꼬렉또
Es correcto.

항공사: **좋습니다.**

부에노
Bueno.

예약이 재확인 되었습니다.

께다 레꼰피르마르 엘 부엘로
Queda reconfirmado el vuelo.

호텔 체크 아웃

상황 38

지금 호텔을 나가고 싶습니다.

끼에로 살리르 델 오뗄 아오라

Quiero salir del hotel ahora.

→ 호텔에서 계산을 하고 나올 때

호텔: 성함과 방 번호를 말씀해 주세요.

디가메 수 놈브레 이 엘 누메로 데
아비따시온 뽀르 파보르
Dígame su nombre y el número de habitación, por favor.

여행객: 김인호이고, 505호실입니다.

소이 김 인 호 끼니엔또스 씽꼬
Soy Kim In Ho, quinientos cinco.

호텔: 세금과 서비스 요금을 포함해서 3500pts되겠습니다.

손 뜨레스 밀 끼니엔따스 뻬쎄따스 인끌루이도
임뿌에스또스 이 쁘로뽀나스
Son tres mil quinientas pesetas, incluido impuestos y proponas.

여행객 :	여행자수표로 지불하고 싶습니다.

끼에로 빠가르로 꼰 체께스 데 이바헤로
Quiero pagarlo con cheques de viajero.

여기 있습니다.

아끼 띠에네
Aquí tiene.

호텔 :	감사합니다.

그라시아스
Gracias.

저희 호텔에 투숙하셔서 즐거우셨습니까?

로 빠소 비엔 엔 누에스뜨로 오뗄
¿Lo pasó bien en nuestro hotel?

여행객 :	네, 대단히 즐거웠습니다.

씨 빠세 운 띠엠뽀 무이 아그라다블레
Sí, pasé un tiempo muy agradable.

감사합니다.

그라시아스
Gracias.

| 호텔 : | 여기저기 여행하는 것을 좋아하십니까? |

레 구스따 비아하르 뽀르 바리오스 루가레스
¿Le gusta viajar por varios lugares?

| 여행객 : | 그렇습니다. |

씨 메 구스따
Sí, me gusta.

| 호텔 : | 훗날 다시 오시게 되면 여러날 동안 묵다 가십시오. |

씨 레그레사 오뜨로 디아 오스뻬데쎄
바리오스 디아스 엔 누에스뜨로 오뗄
Si regresa otro día hospédese
varios días en nuestro hotel.

| 여행객 : | 꼭 그렇게 하지요. |

로 아래 씬 팔따
Lo haré sin falta.

여행에 필요한 단어

1. 번화가   calle concurrida   까예 꼰꾸리다
2. 영업시간   horario de negocios   오라리오 데 네고시오스
3. 상점   tienda   띠엔다
4. 가격표   lista de precios   리스따 데 쁘레시오스
5. 가락국수   especie de fideo   에스뻬시에 데 피데오
6. 가발   peluca   뻴루까
7. 여행용가방   maleta   말레따

    멜빵가방   mochila   모칠라

    서류가방   maletín   말레띤

    큰가방   maleta grande   말레까 그란데

8. 봄   primavera   쁘리마베라

    여름   verano   베라노

    가을   otoño   오또뇨

    겨울   invierno   임비에르노

키포인트

여행에 필요한 단어

9. 가전제품

    electrodomésticos 엘렉뜨로도메스띠꼬스

10. 모조품

    artículo de imitación 아르띠꿀로 데 이미따시온

    | 위조 · 가짜 | artículo falso | 아르띠꿀로 팔소 |
    | 사기꾼 | estafador | 에스따파도르 |
    | 위조지폐 | billete falso | 비예떼 팔소 |
    | 위조수표 | cheque falso | 체께 팔소 |

11. 위험 peligro 뻴리그로

12. 경찰관 파출소

    estación de policía 에스따시온 데 뽈리시아

13. 경치 paisaje 빠이사헤

    조망 vista 비스따

14. 산수의 경치 paisaje de las montañas y acuático
    빠이사헤 데 라스 몬따냐스 이 아꾸아띠꼬

15. 바다 경치 paisaje marino 빠이사헤 마리노

16. 시골 경치 paisaje del campo 빠이사헤 델 깜뽀

여행에 필요한 단어

17. 아름다운 경치
    paisaje maravilloso   빠이사헤 마라비요소
18. 경치 좋은 곳
    lugar con buen paisaje   루가르 꼰 부엔 빠이사헤
19. 경치가 좋다.
    tener buena vista   떼네르 부에나 비스따
    tener buen paisaje   떼네르 부엔 빠이사헤
20. 확트인 경치를 내려다 보다.
    bajar para un paisaje bueno   바하르 빠라 운 빠이사헤 부에노
21. 관광 기념품
    recuerdo turístico   레꾸에르도 뚜리스띠꼬
22. 기념품 매장
    tienda de recuerdos   띠엔다 데 레꾸에르도스
23. 관광 안내소
    oficina de información   오피시나 데 임포르마시온
24. 관광호텔
    hotel de turismo   오뗄 데 뚜리스모
25. 유람 여행
    viaje de turismo   비아헤 데 뚜리시모
26. 관광지
    lugar de interés turístico   루가르 데 인떼레스 뚜리스띠꼬

여행에 필요한 단어

27. 시내관광　　turismo urbano　　　　뚜리스모 우르바노
28. 관광 안내자　guía turístico　　　　　기아 뚜리스띠꼬
29. 백화점 매장감독(안내)

　　　　　　jefe de ventas de almacén(guía de almacén)
　　　　　　헤페 데 벤따스 데 알마쎈 (기아 데 알마쎈)

30. 단체여행　　turismo colectivo　　　뚜리스모 꼬렉띠보
31. 단체행동　　acción colectiva　　　　악씨온 꼬렉띠바
32. 야간비행　　vuelo nocturno　　　　부엘로 녹뚜르나
33. 여객기의 객실 승무원

　　　　　　tripulante　　　　　　　뜨리뿔란떼

34. 항공회사의 비행편

　　　　　　vuelo　　　　　　　　　부엘로

35. 비행기여행(항공여행)

　　　　　　viaje aéreo　　　　　　비아헤 아에레오

36. 여객기의 좌석등급

　　　　　　clase del asiento　　　끌라세 델 아시엔또

여행에 필요한 단어

37.
(1) 퍼스트 클래스(1등, 1급)

    La primera clase   라 쁘리메라 끌라세

(2) 비즈니스 클래스

    La clase de negocios 라 끌라세 데 네고시오스

(3) 이코노미 클래스(일반석, 보통석)

    La clase económica   라 끌라세 에꼬노미까

(4) 투어리스트 클래스(일반석, 보통석)

    La clase turística   라 끌라세 뚜리스띠까

38. 기장	captán	까삐딴
39. 여자승무원	azafata	아사파따
40. 태평양횡단비행	vuelo transoceánico	부엘로 뜨랑스오세아니꼬
41. 무착륙비행	vuelo sin escalas	부엘로 씬 에스깔라스
선회비행	vuelo giratorio	부엘로 히라또리오
저공비행	vuelo bajo	부엘로 바호
고공비행	vuelo alto	부엘로 알또
장거리비행	vuelo largo	부엘로 라르고
직선비행	vuelo directo	부엘로 디렉또

키포인트

여행에 필요한 단어

42. 항공관제(소)

                control de tráfico aéreo   꼰뜨롤 데 뜨라피꼬 아에레오

관제탑   torre de control   또레 데 꼰뜨롤

43. 비행기록장치

                registrador de vuelo   레히스뜨라도르 데 부엘로

44. 기장   capitán   까삐딴

    조종사   piloto   삘로또

45. 비행경로   curso del vuelo   꾸르소 델 부엘로

46. 비행편 번호 número de vuelo   누메로 데 부엘로

47. 활주로   pista de aterrizaje   삐스따 데 아떼리사헤

48. 계단, 층계   escalera   에스깔레라

49. 김포공항

                aeropuerto internacional de Kimpo
                아에로뿌에르또 인떼르나시오날 데 김포

50. 공항 택시   taxi de aeropuerto   딱씨 데 아에로뿌에르또

51. 면세점

                tienda de artículos libres de impuestos
                띠엔다 데 아르띠꿀로스 리브레스 데 임뿌에스또

여행에 필요한 단어

52. 면세품

artículo exento de impuestos 아르띠꿀로 엑센또 데 임뿌에스또스

53. 호텔의 로비 vestíbulo 베스띠불로

(응접실·휴게실)

(sala de recibo, sala de descanso)
(살라 데 레시보, 살라 레 레스깐소)

54. 호텔보이 botones 보또네스

55. 호텔의 객실담당원

camarero 까마레로

56. 객실 번호 número de habitación 누메로 데 아비따씨온

57. 호텔·하숙 등에서 방에서 식사를 날라다 주는 룸써비스

servicio de habitación 세르비시오 데 아비따시온

58. 스페인에 있는 고성을 개조한 숙박시설

parador 빠라도르

59. 호텔 hotel 오뗄

60. 유스 호스텔

albergue 알베르게

여행에 필요한 단어

61. 1인실   habitación sencilla   아비따시온 센시야

    2인실   habitación doble   아비따시온 도블레

    싱글베드가 두 개의 방

    habitación con dos camas sencillas
    아비따시온 꼰 도스 까마스 센시야스

62. 호텔·극장 등의 휴대품 일시 보관소

    depósito de artículos portátiles
    데뽀시또 레 아르띠꿀로스 뽀르따띨레스

63. 수하물 꼬리표

    etiqueta de equipaje   에띠께따 데 에끼빠헤

64. 공항의 수하물 찾는 곳

    entrega de equipaje   엔뜨레가 데 에끼빠헤

65. 수하물 계원

    despachador   데스빠차도르

66. 수화물 중량 제한

    límite de peso   리미떼 데 뻬소

여행에 필요한 단어

67. 경식당   comedor   꼬메또르
68. 호텔요금 precio del hotel   쁘레시오 델 오뗄
69. 객실 요금 계산서

   factura de la habitación
   곽뚜라 데 라 아비따시온

70. 아침식사 포함 요금

   precio incluido el desayuno
   쁘레시오 인끌루이도 엘 데사유노

71. 청소나 침대 정리를 하는 여성

   camarera   까마레라

72. 투숙객의 편의를 살펴주는 부서

   servicio de habitación
   쎄르비시오 데 아비따시온

73. 환전   cambio de moneda   깜비오 데 모네다

   환전소   oficina de cambio de moneda
   오피시나 데 깜비오 데 모네다

74. 세관신고

   declaración de aduana
   데끌라라시온 데 아두아나

여행에 필요한 단어

75. 세관에서 신고하다

    declarar en la aduana 데끌라라르 엔 라 아두아나

    신고품이 있습니까?

    ¿Tiene Ud. algo que declarar?
    띠에네 우스딷 알고 께 데끌라라르

76. 예약필 Ha reservado 아 레세르바도

77. 예약 · 예약실

    reservación · oficina de reservación
    레세르바시온 · 오피시나 데 레세르바시온

78. 호텔예약 담당직원

    empleado 엠쁠레아도

79. 자동차의 주유소

    gasolinera 가솔린네라

80. 음식의 1인분

    porción de comida 뽀르시온 데 꼬미다

    한끼 분의 음식(음료)

    comida(babida) por una vez
    꼬미다 (베비다) 뽀르 우나 베스

탑승 방송

상황 39

알려드립니다

아떼시온 다마스 이 까마예로스
Atención Damas y caballeros.

▶ 탑승하라는 방송 (1)

여러분 알려드립니다.
대한항공 서울행 10편 탑승객은 7번 탑승구로 탑승하시기 바랍니다.

아뗀시온 다마스 이 까마예로스
Atencion Damas y caballeros.
세 아세 운 야마도 아 로스 빠사헤로스 델 부엘로 누메로 디에스 데 아에로린네아스 꼬레아나스 꼰 데스띠노 아 세울 께 빠센 아 라 섹시온 데 엠바르께 누메로 씨에떼
Se hace un llamado a los pasajeros del vuelo número diez de aerolíneas coreanas con destino a Seúl que pasen a la sección de embarque número siete.

서울행 10편 비행기는 정시에 출발 (도착) 할 예정입니다.

엘 부엘로 누메로 디에스 빠라 세울 바 아
살리르(예가르) 아 띠엠뽀
El vuelo número 10 para Seúl va a salir(llegar) a tiempo.

스페인 교통

버스

버스는 시내에 약 80노선이 있지만 지리와 언어를 모르면 이용에 다소 어려움을 겪는다. 아침, 점심, 저녁의 통근때는 혼잡이 심해 타다가 다칠 경우도 있으므로 주의가 필요하고 버스 전용차로가 상당히 보급되어 있지만 교통정체에 의해 상황이 좋은 편은 못된다. 시내를 달리는 노선버스외도 시간을 잇는 장거리버스도 있다. RENFE의 국철버스와 중소회사 버스가 철도 이용이 불편한 지역을 커버하고 있다. 장거리버스는 보통 냉난방시설을 완비하고 있으므로 경치 좋은 곳을 속도감있게 달리면서 감상할 수 있어 이용 도가 높다.

택시

스페인의 택시는 다른 유럽제국에 비해 싼 편이고 운전기사 친절하기 때문에 편리한 교통수단으로 자리잡고 있다. 택시는 마드리드시의 경우는 백색바탕에 비스듬한 적색선이 들어가 있고 야간에는 빈차인 경우 녹색램프를 점등하고 있다. 대도시에서는 택시가 비교적 싸고 요금은 미터제이다. 수하물이 있는 경우에는 별도 요금이 필요하다. 가장자리 라이트에 『LIBRE』라는 싸인 이 있으면 차라는 표시이다. 택시를 잡을 때에는 도로에서 손을 흔들든가 전화로 부르면 된다.

철도

철도는 주요 도시를 연결하며 청결하고 편리하다. 또 마드리드-세빌리아간에는 1992년 프랑스 TGV형의 AVE(고속철도)도 개통되었다. 스페인의 열차는 유럽에서도 최고 수준으로 평가되는데 콤파트먼트(COMPARTMENT : 칸막이로 된 좌석)에서 자유롭게 대화를 즐기는 열차여행이 인기가 높다. 남성은 여성이나 노인에게 좌석을 양보하는 것이 좋다. 철도의 대부분은 국영으로 『RENFE』라고 불린다. 운임은 1등실과 2등실로 나눠지고 침대칸은 개인실과 2인실, 투어리스트급 3인실로 나눠지는데 침대칸의 개인실과 2인실이 1등실에 해당한다. 표는 60일전부터 RENFE 영업소, 관계역, 여행사에서 발매한다. 당역에서 판매하는 것은 발차 5분전 종료한다. 스페인 열차는 정원제이므로 유레일 패스 소지자를 포함하여 예약없이 특급이나 급행열차에 승차하는 것은 불가능하다. 예약을 하지 않고서 승차할 경우 벌금이 부과된다. 예약시에는 예약료를 지불하면 좌석을 지정해주기도 한다.

지하철

지하철은 입구에 『METRO』라는 표식이 나와 있고 요금은 전선이 균일하다.

항공

마드리드를 중심으로 바르셀로나, 세빌리아 등 32개 공항간에 이베리아 항공, 아비야고 항공 등이 정기노선을 개설 놓고 있다. 취항기는 DC-8, DC-9, B727기가 대부분이고 섬지역을 제외하면 전국각지를 1시간 전후로 연결된다. 요금은 야간에는 25% 싸며 여름철에는 휴가객들 때문에 증편된다. 마드리드의 국제공항은 시내에서 약 13km 거리에 있는 바라하스(BARAJAS) 공항이다. 공항에서 시내(코론광장 지하)까지는 전용버스는 30분(화물은 별도요금), 택시는 약 20분(일요일과 축제일, 야간 요금은 할증) 소요된다.

면세품 구입

상황 40 면세품을 사고 싶습니다.

끼에로 로스 아르띠꿀로스 리브레스 데 임뿌에스또스
Quiero los artículos libres de impuestos.

▶ 면세품 구입

여행객 : **면세점이 어디에 있습니까?**

돈데 에스따 라 띠엔다 데 아르띠꿀로스 리브레스 데 임뿌에스또스
¿Dónde está la tienda de artículos libres de impuestos?

다른여행객 : **저도 방향이 같습니다.**

저를 따라 오십시오.

바모스 엔 라 미스마 디렉씨온
Vamos en la misma dirección.

시가메
Sígame.

여행객 : **감사합니다.**

그라시아스
Gracias.

면세점 :	도와드릴까요?

엔 께 뿌에도 세르비르헤
¿En qué puedo servirle?

여행객 :	담배 한 상자 주십시오.

데메 우나 까하 데 시가리요
Deme una caja de cigarrillo.

면세점 :	그외 사실 것이 있으십니까?

알고 마스
¿Algo más?

여행객 :	저 향수도 주세요.

데메 운 뻬르푸메
Deme un perfume.

영수증 부탁합니다.

라 꾸엔따 뽀르 파보르
La cuenta, por favor.

부록 1 — 총정리 / 총점검

1. 항공편 전화 예약

마드리드행 항공편을 예약하고 싶습니다.

끼에로 레세르바르 운 부엘로 빠라 마드리드
Quiero reservar un vuelo para Madrid.

2. 항공권 구입

마드리드행 편도 항공권 한 장 구입하고 싶습니다.

끼에로 꼼프라르 운 비예떼 데 이다 빠라 마드리드
Quiero comprar un billete de ida para Madrid.

3. 항공편 예약 재확인

나의 이름은 김인호입니다.
항공편 예약을 재확인하고 싶습니다.

메 야모 김 인 호
Me llamo Kim In Ho.

끼에로 레꼰피르마르 미 부엘로
Quiero reconfirmar mi vuelo.

4. 항공편 예약 취소

예약을 취소하고 싶습니다.

끼에로 아눌라르(깐셀라르) 라 레세르바씨온
Quiero anular(cancelar) la reservación.

5. 다른 항공기편으로 예약 변경

밤 9시에 출발하는 비행기로 예약을 바꾸고 싶습니다.

끼에로 깜비아르 미 레세르바시온 빠라 엘
부엘로 데 라스 누에베 데 라 노체
Quiero cambiar mi reservación para el vuelo de las nueve de la noche.

6. 도움을 청함

이것이 나의 좌석번호인데, 좀 찾아 주시겠습니까?

에스떼 에스 미 누메로 데 아씨엔또
Este es mi número de asiento,

메 뿌에데 엔세냐르 미 아씨엔또
¿Me puede enseñar mi asiento?

7. 요 구

베개와 담요를 쓰고 싶습니다.

네세씨또 우나 알모아다 이 우나 만따
Necesito una almohada y una manta.

8. 지 불

여행자수표로 지불할 수 있습니까?

쎄 뿌에데 빠가르 꼰 체께스 데 비아헤로
¿Se puede pagar con cheques de viajero?

9. 구 토

토할 것 같습니다.

씨엔또 가나스 데 보미따르 Siento ganas de vómitar.

10. 마실 것

마실 것 좀 주시겠어요?

뿌에데 우스뗃 다르메 알고 데 베베르
¿Puede Ud. darme algo de beber?

11. 먹을 것

무엇을 좀 먹고 싶습니다.

끼에로 또마르 알고
Quiero tomar algo.

12. 어지러움

나는 어지럽습니다.

에스또이 마레아도
Estoy mareado.

13. 통과여객

나는 통과여객입니다.

소이 빠싸헤로 엔 뜨랑씨또
Soy pasajero en tránsito.

나는 비행기를 갈아타야 합니다.

땡고 께 깜비아르 데 아비온
Tengo que cambiar de avión.

14. 목 적

관광차

빠라 뚜리스모
para turismo

사업차

빠라 네고시오
para negocio

15. 수하물

실례지만, 수하물 찾는 곳이 어디에 있습니까?

뻬르돈 돈데 에스따 라 섹시온 데 엔뜨레가 데 에끼빠헤스
Perdón, ¿Dónde está la sección de entrega de equipajes?

16. 세관검사

신고할 것이 없습니다.

노 뗑고 나다 께 데끌라라르
No tengo nada que declarar.

17. 영수증[보관증]

영수증[보관증]을 주십시오.

데메 라 꾸엔따 세르띠피까도 데 데뽀시또
Deme la cuenta(certificado de depósito).

18. 환전

한화를 뻬쎄따로 바꾸고 싶습니다.

끼에로 깜비아르 모네다 꼬레아나 엔 뻬쎄따스
Quiero cambiar moneda coreana en pesetas.

동전으로 주세요.

데메 엔 메딸리꼬
Deme en metálico.

500pts짜리 지폐로 주시겠어요?

데메 엔 비예떼스 데 끼니엔따스 뻬쎄따스
Deme en billetes de quinientas pesetas.

19. 임대차

차를 빌리고 싶습니다.

끼에로 알끼라르 운 꼬체
Quiero alquilar un coche.

전세차

아우또부스 알낄라도
autobús alquilado

20. 여행사 알선 여행

우리는 여행사 알선 여행자들입니다.

소모스 비아헤로스 레꼬멘다도스 뽀르 라 아헨시아 데 뚜리스모
Somos viajeros recomendados por la agencia de turismo.

우리는 안내자의 인솔을 받는 관광객입니다.

소모스 비아헤로스 꼰두시도스 뽀르 운 기아 데 뚜리스모
Somos viajeros conducidos por un guía de turismo.

21. 관광버스

이것이 우리의 관광버스입니다.

에스떼 에스 누에스뜨로 아우또부스 데 뚜리스모
Este es nuestro autobús de turismo.

22. 소요시간

거기에 도착하는 데 얼마의 시간이 걸립니까?

꾸안또 띠엠뽀 쎄 따르다 엔 예가르 알리
¿Cuánto tiempo se tarda en llegar allí?

23. 거 리

거리가 얼마나 됩니까?

께 디스딴시아 아이 아스따 알리
¿Qué distancia hay hasta allí?

24. 버스운전사

나는 여기가 초행이며, 시청역까지 갑니다.

도착하면 내리라고 일러주세요.

소이 엑스뜨랑헤로 아끼 예베메 알 무니시삐오
Soy extranjero aquí, Lléveme al Municipio.
아비세메 꾸안도 예게모스 Avíseme cuando lleguemos.

25. 버스에 타고 확인

이것이 바르셀로나행 버스 맞습니까?

에스 에스떼 엘 아우또부스 빠라 바르셀로나
¿Es este el autobús para Barcelona?

26. 어디에서 탈 수 있습니까?

돈데 뿌에도 또마르 엘 아우또부스
¿Dónde puedo tomar el autobús?

27. 택　시

시청까지 갑시다.

예베메 알 무니시삐오
Lléveme al Municipio.

요금이 얼마입니까?

꾸안또 에스
¿Cuánto es?

거스름 돈은 넣어두세요.

께데세 꼰 엘 깜비오
Quédese con el cambio.

28. 이 근방에 버스 정거장이 있습니까?

아이 우나 빠라다 데 아우또부스 세르까 데 아끼
¿Hay una parada de autobús cerca de aquí?

이 근방에 한국식당이 있습니까?

아이 운 레스따우란떼 꼬레아노 세르까 데 아끼
¿Hay un restaurante coreano cerca de aquí?

29. 호텔 예약

이틀 동안 묵을 방을 예약하고 싶습니다.

끼에로 레세르바르 우나 아비따시온 빠라 도스 디아스
Quiero reservar una habitación para dos días.

경치 좋은 방을 원합니다.

끼에로 우나 아비따시온 꼰 부에나 비스따
Quiero una habitación con buena vista

햇볕이 잘 드는 방을 원합니다.

끼에로 우나 아비따시온 아 돈데 엔뜨레 엘 솔
Quiero una habitación a donde entre el sol.

그 호텔은 몇 층 건물입니까?

꾸안따스 쁠란따스 띠에네 엘 오뗄
¿Cuántas plantas tiene el hotel?

김인호란 이름으로 예약하고 왔습니다.

이세 레세르바시온 아 놈부레 데 김 인 호
Hice reservación a nombre de Kim In Ho.

30. 잠을 깨우는 전화

내일 아침 6시 30분에 깨워줄 수 있습니까?

쁘에데 우스뗀 데스뻬르따르메 마냐나 아 라스 세이스 이 메디아 데 라 마냐나
¿Puede Ud. despertarme mañana a las seis y media de la mañana?

31. 물표를 받고 짐을 맡김

이 짐을 맡길 수 있습니까?

부에도 레뽀시따르 에스떼 에끼빠헤
¿Puedo depositar este equipaje?

귀중품을 맡길 수 있습니까?

뿌에도 데뽀시따르 운 아르띠꿀로 데 발로르
¿Puedo depositar un artículo de valor?

32. 열쇠문제

렌터카 안에 열쇠를 두고 문을 잠그었습니다.

세레 엘 꼬체 데 알낄라르 데한도 라 야베
Cerré el coche de alquiler dejando la llave.

방 안에 열쇠를 둔채 문을 잠그었습니다.

세레 라 아비따시온 데한도 라 야베
Cerré la habitación dejando la llave.

33. 식당 예약

두 사람이 식사할 창가 테이블을 예약하고 싶습니다.

끼에로 레세르바르 우나 메사 빠라 도스 뻬르소나스
께 에스떼 세르까 데 라 벤따나
Quiero reservar una mesa para dos personas que esté cerca de la ventana.

34. 식사 주문

두 사람이 먹을 빠에야로 주세요.

끼에로 빠에야 빠라 도스 뻬르소나스
Quiero paella para dos personas.

35. 열차의 좌석 예약

세비야행 열차의 좌석을 예약하고 싶습니다.

끼에로 ㄸ레세르바르 운 아시엔또 데 뜨렌 빠라 세비야
Quiero reservar un asiento de tren para Sevilla.

보통열차입니까? 급행열차입니까?

께 레 구스따 마스 엘 뜨렌 노르말 오 엘 에스쁘레소
¿Qué le gusta más, el tren normal o el expreso?

36. 침대객차를 원합니다.

끼에로 엘 뜨렌 데 빠사헤로스 꼰 까마
Quiero el tren de pasajeros con cama.

37. 몇 호선

빌바오행 열차는 몇 호선입니까?

께 린네아 델 메뜨로 빠라 엔 빌바오
¿Qué línea del metro para en Bilbao?

3번선인가요? 4번선인가요?

라 린네아 뜨레스 오 라 꾸아뜨로
¿La línea tres o la cuatro?

38. 몇 정거장

빌바오까지는 몇 정거장 더 가야 합니까?

꾸안따스 에스따시오네스 아이 아스따 빌바오
¿Cuántas estaciones hay hasta Bilbao?

39. 유람선

유람선은 어디서 탑니까?

돈데 뿌에도 또마르 운 바르꼬 데 에스꾸르시온
¿Dónde puedo tomar un barco de excursión?

40. 멀 미

나는 배멀미를 한다. [차멀미 • 비행기멀미]

에스또이 마레아도
Estoy mareado.

41. 항공우편

항공우편으로 한국에 편지를 보내고 싶습니다.

데세오 엔비아르 에스따 까르따 아 꼬레아 뽀르 꼬레오 아에레오
Deseo enviar esta carta a Corea por correo aéreo.

42. 속달 소포

한국에 이 소포를 속달로 보내고 싶습니다.

끼에로 만다르 에스떼 빠께떼 뽀르 꼬레오 엑스쁘레소
Quiero mandar este paquete por correo expreso.

43. 서울로 전화

서울로 국제전화를 하고 싶습니다.
요금 수신인 지불통화입니다.

끼에로 야마르 아 세울 뽀르 야마다 아 꼬브로 레베르띠도
Quiero llamar a Seúl por llamada a cobro revertido.

전화번호는 02-730-7685 나의 이름은 김인호 여기 번호는 208-9030입니다.

엘 누메로 에스 세로 도스 시에떼 뜨레스 세로 시에떼
세이스 오초 씽꼬 미 놈브레 에스 김 인 호 이
엘 누메로 에스 도스 세로 오초 누에베 세로 뜨레스 세로
El número es cero dos siete tres cero siete seis ocho cinco. Mi nombre es Kim in ho y el número es dos cero ocho nueve cero tres cero.

44. 선물용으로 포장

엔볼뚜라 빠라 레갈로
envoltura para regalo

45. 소포용으로 포장

엔볼뚜라 꼬모 빠께떼
envoltura como paquete

46. 국가번호 · 도시번호

한국 국가 번호 좀 일러주시겠습니까?

뿌에데 엔세냐르메 엘 꼬디고 데 꼬레아
¿Puede enseñarme el código de Corea?

서울의 지역 번호는 무엇입니까?

꾸알 에스 엘 꼬디고 데 세울
¿Cuál es el código de Seúl?

47. 전화요금

요금은 제 방으로 청구해 주세요.

엔비에 라 꾸엔따 아 미 아비따시온
Envíeme la cuenta a mi habitación.

48. 나는 가르시아씨와 통화하고 싶습니다.

끼에로 꼬무니까르 꼰 세뇨르 가르시아
Quiero comunicarme con Sr. García.

49. 공중전화

이 근처에 공중전화가 있습니까?

아이 우나 까비나 뗄레포니까 세르까 데 아끼
¿Hay una cabina teléfonica cerca de aquí?

50. 상품 판매

여기서 선글라스·색안경을 팝니까?

벤덴 가파스 데 솔 아끼
¿Venden gafas de sol aquí?

51. 배 달

호텔까지 배달해 줄 수 있습니까?

뿌에데 엔비아르로 알 오뗄
¿Puede enviarlo al hotel?

52. 관광명소

여기서 최고로 꼽히는 관광명소는 무엇입니까?

꾸알 에스 엘 루가르 데 인떼레스 뚜리스띠꼬스 마스 파모소 데 아끼
¿Cuál es el lugar de interés turísticos más famoso de aquí?

53. 시내구경

시내구경을 하고 싶습니다.

끼에로 비아하르 알 쎈뜨로 데 라 씨우닫
Quiero viajar al centro de la ciudad.

54. 안내 의뢰

안내해 주시겠습니까?

쁘에데 우스뗃 기아르메
¿Puede Ud. guiarme?

55. 처 방

처방전대로 약을 지어주십시오.

네세시또 메디씨나스 꼼포르메 아 라 rㅔ세따
Necesito medicinas conforme a la receta.

56. 주　사

주사를 맞을 수 있을까요? 열이 있습니다.

레 뽕고 우나 인예ㄱ씨온 띠에네 피에브레
¿ Le pongo una inyección? Tiene fiebre.

57. 분　실

돈지갑을 분실했습니다.

에 뻬르디도 미 뽀르따모네다스
He perdido mi portamonedas.

58. 도　난

돈지갑을 소매치기 당했습니다.

메 안 로바도 엘 뽀르따모네다스
Me han robado el portamonedas.

59. 둔채 잊고 가다.

실례합니다. 제 카메라를 버스 안에 놓고 내렸습니다.

뻬르돈 바헤 델 아우또부스 데한도 미 까마라
Perdón Bajé del autobús dejando mi cámara.

60. 선　물

딸에게 줄 생일선물입니다.

에스 운 ㄹ레갈로 데 꿈쁠레아뇨스 빠라 미 이하
Es un regalo de cumpleaños para mi hija.

61. 도난 신고

도난신고를 하고 싶습니다.

끼에로 아세르 우나 데눈시아 데 운 로보
Quiero hacer una denuncia de un robo.

62. 매니저

매니저 좀 불러주세요.

야마메 엘 헤렌떼
Llámeme al gerente

63. 찾는 짐이 없을 때

짐을 찾을 수 없습니다.

노 뿌에도 엔꼰뜨라르 미 에끼빠헤
No puedo encontrar mi equipaje.

64. 교통사고

한국에서 온 김인수입니다. 교통사고를 냈습니다.

소이 김 인 수 데 꼬레아
Soy Kim in su de Corea.

에 떼니도 운 악씨덴떼 데 뜨라피꼬
He tenido un accidente de tráfico.

65. 부 상

왼쪽 팔에 부상을 입었습니다.

미 브라소 이스끼에르도 에스따 라스띠마도
Mi brazo Izquierdo está lastimado.

66. 호텔로 연락

제 가방을 찾는대로 연락해 주십시오.

아비세메 딴 쁘론또 꼬모 엔꾸엔뜨레 우스뗀 미 말레따
Avíseme tan pronto como encuentre Ud. mi maleta.

67. 탑승 수속

서울행 KAL 205기의 탑승 수속을 어디서 합니까?

돈데 쎄 뿌에데 뜨라미따르 엘 엠바르께 델 부엘로 도스씨엔또스 씽꼬 아에로린네아 꼬레아나 꼰 데스띠노 아 세울
¿Dónde se puede tramitar el embarque del vuelo 205 KAL con destino a Seúl?

68. 감 사

도와주셔서 감사합니다.

그라시아스 뽀르 수 아유다
Gracias por su ayuda.

고맙습니다.

그라시아스
Gracias.

아닙니다. 괜찮습니다.

노 임뽀르따
No importa.

69. 사례에 답

천만에요.

데 나다
De nada.

70. 사과 · 유감 · 아쉬움

발을 밟았나요? 죄송해요.

레 에 삐사도 엘 삐에 로 씨엔또
¿Le he pisado el pie? Lo siento.

유감이지만 갈 수가 없습니다.

로 씨엔또 뻬로 노 쁘에도 이르
Lo siento pero no puedo ir.

71. 실 례

실례지만 잠깐 [잠깐만 실례하겠습니다. 잠깐 무엇 좀 물어보겠습니다 등]

뻬르돈네메 보이 아 쁘레군따르레 알고
Perdóneme. Voy a preguntarle algo

72. 정중한 의뢰나 권유

커피 한 잔 드시겠습니까?

레 구스따리아 우스뗏 또마르 운 까페
¿Le gustaría Ud. tomar un café?

73. 바라다, 원하다 · 갖고 싶다.

나는 ~을 원한다 · 갖고 싶다.

요 데세오(끼에로) ~.   끼에르(데시오) 떼네르~
Yo deseo(quiero)~   Quiero(deseo)tener ~

나는 새 차를 (몹시) 갖고 싶다.

요 무초 끼에로 떼네르 운 꼬체 누에보
Yo mucho quiero tener un coche nuevo.

나는 ~하기를 원한다 · 바란다. ~하고 싶다.

요 끼에로   요 에스뻬로
Yo quiero + 동사   Yo espero ~

시내에 가고 싶다.

끼에로 이르 알 쎈뜨로 데 라 씨우닫
Quiero ir al centro de la ciudad.

74. 필 요

너는 ~할 필요가 있다. 너는 ~하지 않으면 안된다.

뚜 네세씨따스   뚜 띠에네스 께
Tú necesitas ~   Tú tienes que ~.

즉시 의사의 진찰을 받아야 하겠다.

뚜 띠에네스 께 꼰술따르 알 메디꼬 엔 세기다
Tú tienes que consultar al médico en seguida.

75. 강한 선택

나는 ~하는 쪽이[편이] 낫다.

에스 메호르 께 요
Es mejor que yo ~.

나는 갈비를 먹는 편이 낫겠어요.

에스 메호르 께 요 꼬마 출레따
Es mejor que yo coma chuleta.

76. 허 가

내가 ~해도 좋습니까?

뻬르미떼 우스뗃 께 요
¿Permite Ud. que yo ~?

여기서 담배를 피워도 좋습니까?

메 뻬르미떼 우스뗃 께 푸메 아끼
¿Me permite Ud. que fume aquí?

77. 정중한 표현

커피 한 잔을 원합니다.

께리아 운 까페 뽀르 파보르
Querría un café, por favor.

저는 미스터 브라운을 면회하기 원합니다.

끼에로 비씨따르 알 세뇨르 브라운
Quiero visitar al Sr. Brown.

78. 예정

나는 쇼핑할 예정입니다.

보이 아 아세르 꼼쁘라스
Voy a hacer compras.

나는 시내를 구경할 예정입니다.

보이 아 ㄹ레꼬ㄹ레르 라스 까예스 데 라 씨우닫
Voy a recorrer las calles de la ciudad.

나는 발리에 갈 예정입니다. [갑니다]

보이 아 이르 아 세이야.   보이 아 세비야
Voy a ir a Sevilla   [Voy a Sevilla].

수퍼마켓에 갈 예정입니다.

보이 아 이르 알 수뻬르메르까도
Voy a ir al supermercado.

79. 상대방의 예정 [언제·누가·어디서·무엇을·어떻게·왜]

언제 가실 예정입니까?

꾸안도 바 아 이르
¿Cuándo va a ir?

누구를 만날 예정입니까?

아 끼엔 바 아 베르
¿A quién va a ver?

어디에서 식사하실 예정입니까?

돈데 바 아 꼬메르
¿Dónde va a comer?

80. 몇 차례·몇 번

마드리드 가는 여객기는 하루에 몇 차례나 있습니까?

꾸안또시 아비오네스 살렌 빠라 마드리드 알 디아
¿Cuántos aviones salen para Madrid al día?

세비야 가는 열차는 하루에 몇 차례나 있습니까?

꾸안또스 뜨렌에스 살렌 빠라 세비야 알 디아
¿Cuántos trenes salen para Sevilla al día?

81. 지 연

얼마나 지연됩니까? (출발이)

꾸안또 띠엠뽀 세 데모라 라 살리다
¿Cuánto tiempo se demora la salida?

82. 연 착

여객기는 30분 연착했습니다.

엘 아비온 예고 아뜨라사도 메디아 오라
El avión llegó atrasado media hora.

83. 통과여객

통과여객입니다.

소이 빠사헤로스 엔 뜨랑씨또
Soy pasajero en tránsito.

84. 무착륙 비행

이것은 (서울로) 직행합니까?

에스떼 에스 운 부엘로 디렉또
¿Este es un vuelo directo?

85. 도중 착륙

일본에서 도중 착륙합니다.

아세 에스깔라 엔 하뽄
Hace escala en Japón.

86. 갈아타다

나는 다른 여객기로 갈아타야만 한다.

요 데보 아세르 뜨랑스보르도 아 오뜨로 아비온
Yo debo hacer transbordo a otro avión.

87. 갈아타는 공항

갈아타는 공항 이름은 무엇입니까?

엔 께 아에로뿌에르또 세 뜨랑스보르다
¿En qué aeropuerto se transborda?

88. 양 보

먼저타세요. 먼저가세요. 먼저하세요.

우스뗃 쁘리메로
Ud. primero.

89. 물건 값

값을 깎을 수 있습니까?

노 아이 데스꾸엔또
¿No hay descuento?

값을 조금 깎아줄 수 있습니까?

뿌에데 데스꼰따르메
¿Puede descontarme?

90. 출국수속

출국수속은 마치셨습니까?

아 떼르미나도 우스뗏 엘 뜨라미떼 데 살리다
¿Ha terminado Ud. el tramite de salida?

91. 현지 시간

마드리드 현지 시간은 몇 시입니까?

께 오라 에스 엔 마드리드
¿Qué hora es en Madrid?

92. 다음 비행기

서울행 다음 비행기는 몇 시에 떠납니까?

아 께 오라 살레 엘 쁘록씨모 아비온 빠라 세울
¿A qué hora sale el próximo avión para Seúl?

93. 이 열차에 식당차가 있습니까?

아이 운 꼬체 꼬메도르 엔 에스떼 뜨렌
¿Hay un coche comedor en este tren?

94. 좌 석

미안합니다. 이 자리에 앉아도 될까요?

로 씨엔또   쁘에도 또마르 에스떼 아씨엔또
Lo siento. ¿Puedo tomar este asiento?

95. 1박 예정

똘레도에서 1박할 예정입니다.

에스 운 쁠란 빠사르 우나 노체 엔 똘레도
Es un plan pasar una noche en Toledo.

96. 2박 3일 여행

똘레도로 2박 3일 여행을 할 예정입니다.

보이 아 아세르 움 비아헤 아 똘레도 도스 노체스 이 뜨레스 디아스
Voy a hacer un viaje a Toledo dos noches y tres días.

97. 1인실

나는 1인실을 예약하고 싶습니다.

끼에로 레세르바르 우나 아비따시온 센시야
Quiero reservar una habitación sencilla.

대화할 때 필요한 기본표현

- 다시 한번 말씀해 주시겠습니까?

  뽀드리아 레뻬띠르 오뜨라 베스
  ¿Podría repetir otra vez?

- 말씀을 잘 알아들을 수가 없군요.

  노 엔띠엔도 로 께 에스따 아블란도 우스뗻
  No entiendo lo que está hablando Ud.

- 내가 이해할 수 있도록 말씀하신 것을 적어주시겠습니까?

  에스끄리바메 로 께 메 아 디초 빠라 엔뗀데르 비엔
  Escríbame lo que me ha dicho para entender bien?

- 말씀하시는 것을 반정도만 이해합니다.

  엔띠엔도 라 미딷 데 로 께 우스뗻 아블라
  Entiendo la mitad de lo que usted habla.

- 제가 말을 제대로 했습니까?

  에 아블라도 아쁘로삐아다멘떼
  ¿He hablado apropiadamente?

자기소개의 기본표현 (1)

- 제 소개를 할까요?

  메 쁘레쎈또
  ¿Me presento?

- 나의 이름은 김동수입니다.

  메 야모 김 동 수
  Me llamo Kim Dong Su.

- 성은 김이고 이름은 동수입니다.

  미 아뻬이도 에스 김 이 미 놈브레 에스 동 수
  Mi apellido es Kim y mi nombre es dong su.

- 제 소개를 하겠습니다.

  보이 아 쁘레쎈따르메
  Voy a presentarme.

- 저는 김기수라고 합니다.

  소이 김 기 수
  Soy Kim gui su.

- 그냥 기수라고 불러주세요.

  야메메 기 수
  Llámeme gui su.

자기소개의 기본표현 (2)

- 방금 소개된 김인수입니다.

  소이 김 인 수 아까보 데 쁘레센따르메 아 우스뗀
  Soy Kim In Su. Acabo de presentarme a Uds.

- 앞으로 저를 인수라고 불러 주십시오.

  야메메 인 수 엔 아델란떼
  Llámeme In su en adelante.

- 저는 한국에서 왔습니다.

  소이 데 꼬레아
  Soy de Corea.

- 잘 부탁합니다.

  아 수스 오르덴네스
  A sus órdenes.

- 제 스페인어에 대해서 말씀을 드리면,

  레 아블로 아 우스뗀 소브레 미 에스빠뇰
  Le hablo a Ud. sobre mi español,

- 스페인어를 잘 못하기 때문에 잘해보려고 노력하고 있습니다.

  요 노 아블로 에스빠뇰 비엔 뽀르 에소 뜨라또 데 에스포르사르메
  Yo no hablo español bien por eso trato de esforzarme.

- 피눈물 나는 노력을 할 생각입니다. 감사합니다.

  삐엔소 아세르 로스 마요레스 에스푸에르소스. 그라시아스
  Pienso hacer los mayores esfuerzos. Gracias.

부록: 대화할때 필요한 기본표현

자기소개의 기본표현 (3)

- 초면입니다. 인사나 하실까요?

  에스 라 쁘리메라 베스 께 로 베오 노스 쁘레센따모스
  Es la primera vez que lo veo.
  ¿Nos presentamos?

- 김동수라고 합니다. 한국에서 왔습니다.

  소이 김 동 수 소이 데 꼬레아
  Soy Kim Dong Su. Soy de Corea.

- 성함을 어떻게 불러야 되겠습니까?

  꼬모 세 야마 우뗄
  ¿Cómo se llama Ud.?

- 그냥 동수라고 부르세요.

  야마메 동 수
  Llámeme Dong Su.

- 김이 나의 성입니다.

  김 에스 미 아뻬이도
  Kim es mi apellido.

- 김의 철자를 알고 싶습니다.

  끼에로 사베르 꼬모 세 델레뜨레아 김
  Quiero saber cómo se deletrea Kim.

A를 B에게 소개할 때 (1)

- 제 여동생을 소개하겠습니다.

  레 쁘레센또 (아 우스뗃) 아 미 에르마나 메노르
  Le presento (a Ud.) a mi hermana menor.

- 제 여동생과 인사나 하시죠.

  깜비에 살루도스 꼰 미 에르마나
  Cambie saludos con mi hermana.

- 제 부인과 인사하시죠.

  깜비에 살루로스 꼰 미 무헤르
  Cambie saludos con mi mujer.

- 처음 뵙겠습니다, 부인

  무초 구스또 세뇨라
  Mucho gusto, señora.

- 가르시아씨 한테서 말씀 많이 들었습니다.

  엘 세뇨르 가르시아 메 아 아블라도 무초 데 우스뗃
  El señor García me ha hablado mucho de Ud.

- 그 전부터 꼭 만나뵙고 싶었습니다.

  에 께리로 꼬노세르레 데스데 아세 무초 띠엠뽀
  He querido conocerle desde hace mucho tiempo.

A를 B에게 소개할 때 (2)

- 가르시아씨, 이 분은 김씨입니다.

  세뇨르 가르시아 에스떼 에스 엘 세뇨르 김
  Sr. García, éste es el Sr. Kim.

- 김씨, 이 분은 가르시아씨입니다.

  세뇨르 김 에스떼 에스 엘 세뇨르 가르시아
  Sr. Kim, éste es el Sr. García.

- 처음 뵙겠습니다, 가르시아씨 만나서 반갑습니다.

  무초 구스또 세뇨르 가르시아
  Mucho gusto, Sr. García.

- 처음 뵙겠습니다. 김씨 나도 역시 만나서 반갑습니다.

  무초 구스또
  Mucho gusto.

  세뇨르 김 요 땀비엔 땡고 엘 구스또 데 꼬노세를레
  Sr. Kim, yo también tengo el gusto de conocerle.

A를 B와 C에게 소개할 때

- 마르띠네스씨, 이 분이 김씨, 이 분은 한씨입니다.

  세뇨르 마르띠네스,
  Sr. Martínez,
  에스떼 에스 엘 세뇨르 김 이 에스떼 에스 엘 세뇨르 한
  Este es el Sr. Kim y éste es el Sr. Han.

- 이 분은 마르띠네스씨입니다.

  에스떼 에스 엘 세뇨르 마르띠네스
  Este es el Sr. Martínez.

- 처음 뵙겠습니다 마르띠네스씨. 만나서 반갑습니다.

  무초 구스또 세뇨르 마르띠네스
  Mucho gusto Sr. Martínez.

- 두 분 처음 뵙겠습니다. 역시 만나서 반갑습니다.

  무초 구스또 데 꼬노세르레스
  Mucho gusto de conocerles.

간단한 인적사항을 곁들인 소개 (1)

- 가르시아씨, 이 분은 삼성전자에서 근무하는 김씨입니다.

  세뇨르 가르시아 에스떼 에스 엘 세뇨르 김 뜨라바하 엔 라 꼼빠니야 엘렉뜨로니까 데 삼성

  Sr. García, éste es el Sr. Kim, trabaja en la compañía electrónica de Sam-sung.

- 김씨, 이 분은 가전제품을 판매하는 가르시아씨입니다.

  세뇨르 김 에스떼 에스 엘 세뇨르 가르시아 세 데디까 아 라 벤따 데 엘렉뜨로도메스띠꼬스

  Sr. Kim, éste es el Sr. García, se dedica a la venta de electrodomésticos.

소개 (2)

- 가르시아씨, 이 분은 한 직장에서 같이 일하고 있는 민씨입니다.

  세뇨르 가르시아 에스떼 에스 엘 세뇨르 민 이 뜨라바하 꼼미고 엔 라 미스마 꼼빠니아

  Sr. García, éste es el Sr. Min y trabaja conmigo en la misma compañía.

- 마르띠네스씨, 이 분은 민씨입니다.
  저와 같이 일하는 사람입니다.

  세뇨르 마르띠네스 에스떼 에스 엘 세뇨르 민 이 뜨라바하 꼼

  Sr. Martinez, éste es el Sr. Min.

  이 뜨라바하 꼼미고

  y trabaja conmigo.

- 우리는 대학 동기입니다.

  소모스 꼰디스씨뿔로스 데 라 우니베르씨닫
  Somos condiscipulos de la universidad.

- 그는 귀중한 거래처[고객, 단골]입니다.

  에스 미 쁘린시빨 끌리엔떼
  Es mi principal clinte.

- 그는 나의 귀중한 구매자입니다.

  에스 미 꼼쁘라도르 무이 임뽀르딴떼
  Es mi comprador muy importante.

- 그는 이웃 동네분입니다.

  에스 미 베시노
  Es mi vecino.

- 그는 우리집 옆집에 사십니다.

  엘 비베 알 라도 데 미 까사
  El vive al lado de mi casa.

- 나는 한 집 건너 옆집에 사십니다.

  엘 비베 엔 라 세군다 까사 데 엔프렌떼
  El vive en la segunda casa de enfrente.

- 우리는 절친한 친구사이입니다.

  소모스 아미고스 무이 인띠모스
  Somos amigos muy íntimos.

감사할 때 필요한 기본표현 편지를 받고

- 편지 감사합니다.

  그라시아스 뽀르 수 까르따
  Gracias por su carta.

- 귀하의 편지 잘 받았습니다.

  에 레시비도 수 까르따 씬 쁘로블레마스
  He recibido su carta sin problemas.

초대를 받고

- 초대해 주셔서 감사합니다.

  그라시아스 뽀르 수 임비따시온
  Gracias por su invitación.

- 저녁식사에 초대해 주셔서 감사합니다.

  그라시아스 뽀르 임비따르메 아 세나르
  Gracias por invitarme a cenar.

- 결혼식에 초대해 주셔서 감사합니다.

  그라시아스 뽀르 임비따르메 아 라 보다
  Gracias por invitarme a la boda.

- 생일파티에 초대해 주셔서 감사합니다.

  그라시아스 뽀르 임비따르 아 라 피에스따 데 수 꿈쁠레아뇨스
  Gracias por invitar a la fiesta de su cumpleaños.

파티를 열어주어 감사할 때

- 저를 위해 파티를 열어주어 감사합니다.

  그라시아스 뽀르 다르메 우나 피에스따
  Gracias por darme una fiesta.

- 저를 위해 환영회를 열어주어 감사합니다.

  그라시아스 뽀르 다르메 라 비엔베니다
  Gracias por darme la bienvenida.

- 저를 위해 송별회를 열어주어 감사합니다.

  그라시아스 뽀르 오프레세르메 우나 레우니온 데 데스뻬르디다
  Gracias por ofrecerme una reunión de desperdida.

- 전출 파티를 열어주어 감사합니다.

  그라시아스 뽀르 다르메 우나 피에스따 데 무단사
  Gracias por darme una fiesta de mudanza.

- 퇴직 파티를 열어주어 감사합니다.

  그라시아스 뽀르 다르메 우나 피에스따 데 후비라시온
  Gracias por darme una fiesta de jubilación.

- 축하회를 열어주어 대단히 감사합니다.

  그라시아스 뽀르 오프레세르메 우나 레우니온 레 펠리시따시온
  Gracias por ofrecerme una reunión de felicitación.

선물을 받고 감사할 때

- 좋은 선물을 주셔서 대단히 감사합니다.

  그라시아스 뽀르 다르메 운 부엔 레갈로
  Gracias por darme un buen regalo.

사과할 때 필요한 기본표현   늦었을 때

- 죄송합니다. 좀 늦었습니다.

  로 시엔또. 에 예가도 움 뽀꼬 따르데
  Lo siento. He llegado un poco tarde.

- 늦어서 미안합니다. [죄송합니다]

  뻬르도네메 뽀르 아베르 예가도 따르데
  Perdóneme por haber llegado tarde.

- 기다리게 해서 미안합니다.

  뻬르도네메 뽀르 아베르레 에초 에스뻬라르
  Perdóneme por haberle hecho esperar.

기분을 상하게 하고

- 기분을 상하게 해드렸다면 사과합니다.

  뻬르도네메 뽀르 뽀네르레 데 말 우모르
  Perdóneme por ponerle de mal humor.

  화나게 했다면 사과합니다.
  기분나쁘게 해드렸다면 사과합니다.

  뻬르도네메 뽀르 아세르레 엔파다르세 꼼미고
  Perdóneme por hacerle enfadarse conmigo.

- 찾아뵙지 못해서 정말 죄송합니다.

  뻬르도네 뽀르 노 아베르레 부스까도
  Perdone por no haberle buscado.

오랫동안 편지를 못하고

- 이렇게 오랫동안 격조하여 사과를 드려야겠습니다.

  레 삐도 뻬르돈 꼰 그란 꼬르떼시아
  Le pido perdón con gran cortesía.

- 무어라 사과를 드려야할 지 모르겠습니다.

  노 세 꼬모 디스꿀빠르메
  No sé cómo disculparme.

- 사과할 것이 있습니다.

  뗑고 알고 께 디스꿀빠르메
  Tengo algo que disculparme.

오히려 이쪽에서 사과해야 할 때

- 사과할 사람은 그쪽이 아니라 오히려 이쪽입니다.

  우스뗀 노 에세시따 디스꿀빠르세 알 꼰뜨라리오
  뗑고 께 디스꿀빠르메
  Ud. no necesita disculparse Al contrario tengo que disculparme.

- 그 일로 사과하실 필요없습니다.
  전혀 중대한 일이 아닙니다.

  노 띠에네 께 디스꿀빠르세 뽀르 에스떼 아순또
  No tiene que disculparse por este asunto.

  노 에스 나다 임뽀르딴떼
  No es nada importante.

일을 저지르고 또는 양해를 구할 때

- 내가 저지른 일을 사과합니다.

    디스꿀뻬 뽀르 미 디스뜨락씨온
    Disculpe por mi distracción.

- 실례[무례]를 사과합니다.

    디스꿀뻬 뽀르 미 팔따 데 꼬르떼시아
    Disculpe por mi falta de cortesía.

- 저의 경솔함을 사과드립니다.

    디스꿀뻬 뽀르 데 미 악또 리헤로
    Disculpe por mi acto ligero.

- 성가시게 해서 죄송합니다.

    디스꿀뻬 뽀르 몰레스따르레
    Disculpe por molestarle.

- 말씀 도중에 죄송합니다.

    로 시엔또 뽀르 엔드로메떼르메 엔 수 꼰베르사시온
    Lo siento por entrometerme en su conversación.

- 옷차림이 이래서 죄송합니다.

    로 씨엔또 뽀르 미 아따비오 우밀데
    Lo siento por mi atavío humilde.

- 장갑을 낀채로입니다. 양해하여 주십시오.

    꼼쁘렌다메 에스또이 뽀니엔도메 로스 구안떼스
    Compréndame, estoy poniéndome los guantes.

가벼운 사과(액센트의 위치에 주의)

- 죄송합니다.

  <small>뻬르돈</small>
  Perdón.

- 미안합니다.

  <small>로 시엔또</small>
  Lo siento.

- 저야말로 죄송합니다.
  사과는 제가 해야죠.

  <small>땡고 께 디스꿀빠르메   로 시엔또</small>
  Tengo que disculparme. Lo siento.

참고

- 감사합니다.

  <small>그라시아스</small>
  Gracias.

- 감사는 오히려 제가 해야죠.

  <small>알 꼰뜨라리오 땡고 께 아그라데세르</small>
  Al contrario tengo que agradecerle.

- 미안

  <small>로 씨엔또</small>
  Lo siento

사과에 대한 응답

- 괜찮습니다. 관계 없습니다.

    노 임뽀르따   노 띠에네 렐라시온
    No importa. No tiene relación.

- 천만에요.

    데 나다
    De nada.

- 있을 수 있는 일이지요.

    에소 에스 운 아순또 뽀시블레
    Eso es un asunto posible.

- 누구나 그럴 수 있는걸요.

    꾸알끼에르 옴브레 아세 딸 에소
    cualquier hombre hace tal eso.

- 염려하지마!

    노 세 쁘레오꾸뻬
    No se preocupe.

- 그런건 잊어주세요! [그 일은 잊어주시오]

    올비데로
    Olvídelo.

- 신경 쓰지마라, 괜찮다.

  노 세 뽕가 네르비오소. 노 임뽀르따
  No se ponga nervioso. No importa.

- 중대한 일이 아닙니다.

  노 에스 우나 꼬사 데 임뽀르딴시아
  No es una cosa de importancia.

- 그 일은 걱정하지 마시오.

  노 세 쁘레오꾸뻬 뽀르 에세 아순또
  No se preocupe por ese asunto.

- 그 까짓 일로 걱정마라.

  노 세 쁘레오꾸뻬 뽀르 딸 꼬사
  No se preocupe por tal cosa.

- 사과할 것 없다.

  노 뗑고 나다 께 뻬르도나르레
  No tengo nada que perdonarle.

- 사과할 쪽은 그쪽이 아니라 바로 이쪽입니다.

  끼엔 띠에네 께 디스꿀빠르세 소이 요, 노 우스뗏
  Quien tiene que disculparse soy yo, no usted.

- 나는 벌써 기분을 풀은걸요 뭐.

  야 에스또이 데 부엔 우모르
  Ya estoy de buen humor.

도움이나 친절에 대하여

- 당신의 친절에 깊이 감사합니다.

  그라시아스 뽀르 수 아마빌리닫
  Gracias por su amabilidad.

- 도와 주셔서 대단히 고맙습니다.

  그라시아스 뽀르 수 아유다
  Gracias por su ayuda.

- 조언해 주셔서 [힌트를 주어] 고맙습니다.

  그라시아스 뽀르 수 꼰세호
  Gracias por su consejo.

- 위로해 주셔서 깊이 감사합니다.

  그라시아스 뽀르 수 꼰수엘로
  Gracias por su consuelo.

- 여러 가지로 애를 써 주셨습니다. 감사합니다.

  그라시아스 뽀르 또도
  Gracias por todo.

- 정말 신세졌습니다.

  에 레시비도 수스 파보레스
  He recibido sus favores.

- 여러 가지로 신세졌습니다.

  에 레시비도 바리오스 파보레스 데 수 빠르떼
  He recibido varios favores de su parte.

- 무어라고 감사해야 할지 모르겠습니다.

  노 세 꼬모 아그라데세르레
  No sé cómo agradecerle.

- 여기있는 동안 베풀어주신 후대에 깊이 감사드립니다.

  그라시아스 뽀르 수 부엔 뜨라또 미엔뜨라스 에스또이 아끼
  Gracias por su buen trato mientras estoy aquí.

- 당신의 은혜는 결코 잊지 않겠습니다.

  눈까 메 올비다레 데 수 파보르
  Nunca me alvidaré de su favor.

감사표현에 대한 응답

- 천만에요.

    데 나다
    De nada.

- 원 별말씀을

    오 노 아이 데 께
    ¡Oh! No hay de qué.

- 그걸 대단한 것으로 생각지 마십시오.

    노 끄레아 께 에소 에스 무이 임뽀르딴떼
    No crea que eso es muy importante.

- 감사해야 할 쪽은 그쪽이 아니고 바로 이쪽입니다.

    우스뗄 노 네세시따 아그라데세르메 알 꼰뜨라리오 뗑고 께 아그라데세르레
    Ud. no necesita agradecerme Al contrario tengo que agradecerle.

- 당신을 도와드려서 기뻤습니다.

    메 알레그레 무초 레 아유다르레 아 우스뗄
    Me alegré mucho de ayudarle a Ud.

- 나는 사람들 도와주는 걸 좋아합니다.

  메 구스따 아유다르 아 라 헨떼
  Me gusta ayudar a la gente.

- 아! 아닙니다. 아무것도 아닙니다.
  너무 그러지 마십시오.

  아 노 노 에스 나다
  ¡Ah! No. No es nada.

  노 로 멘시오네 무초
  No lo mencione mucho.

- 제가 큰 도움이 되었다니 기쁩니다.

  메 알레그로 무초 데 아유다르레
  Me alegro mucho de ayudarle.

- 제가 도울 수 있었던 것이 다행입니다.

  푸에 우나 수에르떼 뽀데르 아유다르레
  Fue una suerte poder ayudarle.

- 그건 기쁜 일입니다. [도와 드린다는 게 기쁜일이죠 뭐]

  에소 에스 우나 꼬사 디베르띠다
  Eso es una cosa divertida.

길을 물을때와 안내할 때 (1)

- 실례합니다. 우체국으로 가는 길을 가르쳐 주시겠습니까?

  꼰 수 뻬르미소. 뿌에데 엔세냐르메 꼬모 세 뿌에데 예가르 알 꼬레오
  Con su permiso. ¿Puede enseñarme cómo se puede llegar al Correo?

- 네. 여기서 버스를 타세요.

  씨 또메 부스 아끼
  Sí, tome bus aquí.

- 우체국까지는 몇 정거장입니까?

  꾸안따스 빠라다스 아이 아스따 엘 꼬레오
  ¿Cuántas paradas hay hasta el Correo?

- 다섯 정거장 됩니다.

  아이 씽꼬 빠라다스
  Hay cinco paradas.

- 버스는 얼마나 자주 다닙니까?

  까다 꾸안또 띠엠뽀 빠사 엘 부스
  ¿Cada cuánto tiempo pasa el bus?

- 매 4분마다 있습니다.

  빠사 까다 꾸아뜨로 미누또스
  Pasa cada cuatro minutos.

- 대단히 감사합니다.

  무차스 그라시아스
  Muchas gracias.

- 실례합니다. 이 길이 시청으로 가는 길입니까?

    꼰 수 뻬르미소. 에스떼 에스 엘 까미노 빠라 이르 알 무니시삐오
    Con su permiso.
    ¿Este es el camino para ir al Municipio?

- 네, 그렇습니다.

    씨 끌라로
    Sí, claro.

- 좀 지나쳐 오셨습니다.

    오던길을 2, 3분 도로 가십시오.

    우스뗃 야 세 빠소 데 라 빠라다
    Ud ya se pasó de la parada.

    부엘바 뽀르 엘 미스모 까미노 마스 오 메노스 도스 오 뜨레스 미누또스
    Vuelva por el mismo camino más o menos dos o tres minutos.

- 앞에 간판이 보일겁니다.

    우스뗃 바 아 엔꼰뜨라르 운 레뜨레로
    Ud. va a encontrar un letrero.

- 쉽게 찾을 수 있습니다.

    우스뗃 로 엔꼰뜨라라 무이 파실
    Ud. lo encontrará muy fácil.

- 감사합니다.

    그라시아스   Gracias.

- 실례합니다. 경찰관님.
  여기가 초행이라서 길을 잃었습니다.
  여기가 어디쯤 됩니까?

  뻬르돈 세뇨르 뽈리시아
  Perdón, señor policía.

  소이 엑스뜨랑헤로 아끼 이 메 에 뻬르디도
  Soy extranjero aquí, y me he perdido.

  돈데 에스따모스
  ¿Dónde estamos?

- 여기 지도가 있습니다.
  계신 곳이 이 지점입니다.

  아끼 아이 운 마빠
  Aquí hay un mapa.

  아오라 우스뗃 에스따 엔 에스떼 뿐또
  Ahora Ud. está en este punto

- 저는 지금 레이나이사벨 거리에 있군요.

  아 에스또이 엔 라 까예 레이나 이사벨
  ¡Ah! Estoy en la calle Reina Isabel

- 네, 그렇습니다.

  씨 에스 꼬렉또
  Sí, es correcto.

- 실례합니다. 교통순경아저씨,
  레온가는 길을 찾고 있는데 도와주시겠습니까?

  빼르돈 세뇨르 뽈리시아
  Perdón, señor policía(de tráfico).

  쁘에도 엔세냐르메 엘 까미노 아 레온
  ¿Puede enseñarme el camino a León?

- 가르쳐 드리고 말고요.
  스페인에 처음 오셨습니까?

  씨 꼰 무초 구스또
  Sí, con mucho gusto.

  비에네 우스뗄 아 에스빠냐 뽀르 프리메라 베스
  ¿Viene Ud. a España por primera vez?

- 네, 그렇습니다.
  어리둥절해서 어찌할 바를 모르겠습니다.

  씨 로 에스
  Sí, lo es.

  에스또이 데스꼰세르따도
  Estoy desconcertado.

- 23번 버스를 타십시오. 정류장은 바로 저쪽입니다.

  또메 엘 아우또부스 누메로 베인띠뜨레스
  Tome el autobús número veintitrés.

  라 빠라다 에스따 알리
  La parada está allí.

- 실례합니다.
  버스터미널에 어떻게 가는지 일러주시겠습니까?

  <u>뻬르돈</u>
  Perdón.

  <u>뽀드리아 엔세냐르메 꼬모 세 뿌에데 예가르 알</u>
  <u>떼르미날 데 아우또부세스</u>
  ¿Podría enseñarme cómo se puede llegar al terminal de autobuses?

- 일러드리고 말고요.

  <u>뽀르 수뿌에스또</u>
  Por supuesto.

- 길을 건너가셔서 택시를 타시고 운전사에게
  버스터미널에서 내려달라고 하세요.

  <u>끄루세 에스따 까예 이 또메 딱시 이 루에고 디가레 알</u>
  <u>초페르 께 레 데헤 엔 엘 떼르미날 데 아우또부세스</u>
  Cruce esta calle y tome taxi y luego dígale al chofer que le deje en el terminal de autobuses.

- 실례합니다.
  잠시 말씀 좀 나누실까요? [뭣 좀 물어볼 수 있습니까?]

  뻬르도네메
  Perdóneme.

  뿌에도 쁘레군따르레 알고
  ¿Puedo preguntarle algo?

- 네.

  씨
  Sí.

- 이 근처에 한국식당이 있습니까?

  아이 운 레스따우란떼 꼬레아노 세르까 데 아끼
  ¿Hay un restaurante coreano cerca aquí?

- 글쎄요. 제가 아는한 없는걸로 알고 있습니다.

  딸 베스 끄레오 께 노 아이
  Tal vez, creo que no hay.

- 중국식당만 있을 따름입니다.

  쏠로 아이 운 레스따우란떼 치노
  Sólo hay un restaurante chino.

- 여기가 어디쯤일까?

  돈데 에스따모스
  ¿Dónde estamos?

- 글쎄! 모르겠네요.

  노 로 세
  No lo sé.

- 틀림없이 이 근처인데

  씬 두다 에스따 세르까 데 아끼
  Sin duda está cerca de aquí.

- 아, 저기 경찰관이 오네요. 물어봅시다.

  아 알리 비에네 운 뽈리시아 바모스 아 쁘레군따르레
  ¡Ah! Allí viene un policía Vamos a preguntarle.

- 실례합니다.
  경찰관님 가장 가까운 지하철역이 어디에 있는지 일러줄 수 있습니까?

  뻬르돈
  Perdón.

  쁘에데 우스뗏 엔세냐르메 돈데 에스따 라 에스따시온 데 메뜨로 마스 세르까나
  ¿Puede Ud. enseñarme dónde está la estación de metro más cercana?

[8]

- 실례합니다. 81번 버스를 타면 세고비아에 갈 수 있습니까?

  빼르돈
  Perdón

  세 뿌에데 이르 아 세고비아 엔 아우또부스 오첸따 이 우노
  ¿Se puede ir a Segovia en autobús 81?

- 네, 그렇습니다만 빙 돌아가는 길이 됩니다.
  택시를 타시면 많은 시간이 절약됩니다.

  씨 끌라로 뻬로 세 따르다 무초 띠엠뽀
  Sí, claro pero se tarda mucho tiempo.

  씨 또마 탁시 우스뗃 뿌에데 아오르라르 띠엠뽀
  Si toma taxi, Ud. puede ahorrar tiempo.

- 여기 택시가 오는군요.

  아 알리 비에네 운 딱씨
  ¡Ah! Allí viene un taxi.

- 내가 잡겠습니다.

  요 로 또마레
  Yo lo tomaré.

- 참 건물 높다! 몇 층이나 될까?

  께 알또 에스 엘 에디피시오
  ¡Qué alto es el edificio!

  꾸안따스 쁠란따스 뗀드라
  ¿Cuántas plantas tendrá?

- 가르시아씨 사무실은 어디에 있을까?

  돈데 에스따라 라 오피시나 델 세뇨르 가르시아
  ¿Dónde estará la oficina del Sr. García?

- 저기 안내소가 있습니다. 여직원에게 물어봅시다.

  알리 아이 우나 오피시나 데 인포르마시온
  Allí hay una oficina de información.

  바모스 아 쁘레군따르레 아 라 엠쁠레아다
  Vamos a preguntarle a la empleada.

- 실례합니다. 아가씨,
  가르시아씨 사무실은 몇 층이지요?

  뻬르돈 세뇨리따
  Perdón, señorita.

  엔 께 삐소 에스따 라 오피시나 델 세뇨르 가르시아
  ¿En qué piso está la oficina del Sr. Gracía?

- 10층에 있습니다.

  에스따 엔 엘 데시모 삐소
  Está en el décimo piso.

- 이 근처에 주유소가 있다고 하던데요.

  에 오이도 께 아이 우나 가솔리네라 쎄르까 데 아끼
  He oído que hay una gasolinera cerca de aquí.

- 약 열상점 아래 있는데요.
  도로에서 조금 들어가 있습니다.

  씨 에스따 데스쁘에스 데 디에스 띠엔다스 마스 오메노스
  Sí, está después de diez tiendas más o menos.

  에스따 아시아 라 가예
  Está hacia la calle.

- 차례를 기다리는 차들 좀 보세요.

  베아 우스뗃 로스 꼬체스 께 에스뻬란 수 뚜르노
  Vea Ud. los coches que esperan su turno.

- 손님 가득 채워 드릴까요?

  끼에레 우스뗃 예나르 엘 데뽀시또
  ¿Quiere Ud. llenar el depósito?

- 그래요.

  씨 끌라로
  Sí, claro.

- 실례합니다.
  이 길을 따라가면 지하철역이 나옵니까?

  뻬르돈
  Perdón.

  씨기엔도 뽀르 에스따 까예 세 뿌에데 예가르 아 라
  에스따시온 데 메뜨로
  ¿Siguiendo por esta calle, se puede llegar a la estación de metro?

- 네, 그렇습니다.

  씨 아씨 에스
  Sí, así es.

- 지하철역으로 가는 지름길을 가르쳐 주시겠습니까?

  뿌에데 엔세냐르메 운 아따호 께 바 아 라 에스따시온 데 메뜨로
  ¿Puede enseñarme un atajo que va a la estación de metro?

- 이 길로 계속 가시다보면 큰 네거리가 나옵니다.
  좌회전하시고 똑바로 가십시오.

  씨기엔도 뽀르 에스따 까예 세 바 아 예가르 아 우나 비아 그란데
  Siguiendo por esta calle, se va a llegar a una vía grande.

  도블레 아 라 이스끼에르다 이 시가 또도 렉또
  Doble a la izquierda y siga todo recto.

```
판 권
본 사
소 유
```

 하나, 둘 **해외여행** 스페인어

2002년 5월 20일 초판 인쇄
2002년 5월 30일 초판 발행

지은이 / 국제언어교육연구회
펴낸이 / 최　삼　일

펴낸곳 / 태 을 출 판 사
서울특별시 강남구 도곡동 959-19
등록 / 1973년 1월 10일 (제4-10호)

©2001, TAE-EUL publishing Co., printed in Korea
잘못된 책은 구입하신 곳에서 교환해 드립니다.

■ **주문 및 연락처**

우편번호 100-456
서울특별시 중구 신당6동 52-107 (동아빌딩내)
전화 / 2237-5577　팩스 / 2233-6166

ISBN 89-493-0161-X　　13770

하나, 둘 해외여행 스페인어

2002년 5월 20일 초판 인쇄
2002년 5월 30일 초판 발행

지은이 / 국제언어교육연구회
펴낸이 / 최 상 일

펴낸곳 / 태 을 출 판 사
서울특별시 강남구 도곡동 959-19
등록 / 1973년 1월 10일 (제4-10호)

©2001, TAE-EUL publishing Co., printed in Korea
잘못된 책은 구입하신 곳에서 교환해 드립니다.

■ **주문 및 연락처**

우편번호 １００-４５６
서울특별시 중구 신당6동 52-107 (동아빌딩 내)
전화 / 2237-5577   팩스 / 2233-6166

ISBN 89-493-0161-X   13770